经济管理学术文库·管理类

中国文化产业与
公共文化服务协调发展研究

Research on the Coordinated Development of China's
Cultural Industries and Public Cultural Services

卢新亮／著

图书在版编目（CIP）数据

中国文化产业与公共文化服务协调发展研究/卢新亮著 . —北京：经济管理出版社，2020.5

ISBN 978 – 7 – 5096 – 7092 – 7

Ⅰ. ①中… Ⅱ. ①卢… Ⅲ. ①文化产业—关系—公共管理—文化发展—协调发展—研究—中国 Ⅳ. ①G123

中国版本图书馆 CIP 数据核字（2020）第 070730 号

组稿编辑：王　洋
责任编辑：曹　靖　王　洋
责任印制：黄章平
责任校对：董杉珊

出版发行：经济管理出版社
　　　　　（北京市海淀区北蜂窝 8 号中雅大厦 A 座 11 层　100038）
网　　址：www.E - mp.com.cn
电　　话：（010）51915602
印　　刷：北京虎彩文化传播有限公司
经　　销：新华书店
开　　本：720mm×1000mm/16
印　　张：12.5
字　　数：205 千字
版　　次：2021 年 5 月第 1 版　2021 年 5 月第 1 次印刷
书　　号：ISBN 978 – 7 – 5096 – 7092 – 7
定　　价：88.00 元

·版权所有　翻印必究·

凡购本社图书，如有印装错误，由本社读者服务部负责调换。
联系地址：北京阜外月坛北小街 2 号
电　话：（010）68022974　　邮编：100836

前 言

文化是一个国家、一个民族的灵魂。文化产业与公共文化服务协调发展是中国特色社会主义文化建设的重要途径，是社会主义制度优越性的重要体现。党的十九大报告提出了"坚持中国特色社会主义文化发展道路，激发全民族文化创新创造活力，建设社会主义文化强国"的目标。进入2020年，文化产业逐步向国民经济的支柱产业发展，国家现代公共文化服务体系基本建成。在这样的时代背景下，更好地推动区域文化产业与公共文化服务协调发展，对于建设社会主义文化强国具有重要意义。

本书围绕文化产业与公共文化服务的协调发展展开研究。第一，阐述了文化产业、公共文化服务等核心概念，探讨了文化产业与公共文化服务协调发展的理论基础；第二，梳理了中国文化产业与公共文化服务的发展历程，分析了两者内在耦合的机理；第三，在综合前人研究成果的基础上，构建了文化产业和公共文化服务的综合评价指标体系，采用三标度层次分析法设置了指标权重，通过加权求和测算了中国2008~2017年31个省（自治区、直辖市）的文化产业和公共文化服务的综合发展水平；第四，采用重心模型，计算了中国文化产业和公共文化服务发展的重心，判断省域文化产业和公共文化服务的发展趋势，初步探讨两者的协调发展关系；第五，采用耦合模型对全国31个省（自治区、直辖市）文化产业与公共文化服务的协调发展情况进行了测度，并基于聚类分析进一步探讨两者的耦合态势；第六，采用面板数据模型考察文化产业与公共文化服务协调发展的内在机制，并探究其存在的区域异质性；第七，基于本书研究结论，从全国、区域、省域三个层面提出了促进中国文化产业与公共文化服务协调发展的对策建议。

研究结果显示：第一，我国的文化产业和公共文化服务均实现了高速发展，但两者的发展呈现出明显的区域差异。一方面，我国东部、中部、西部的文化产业发展水平逐次递减。且近年来东部地区综合指数的增长速度较快，未来可能导致文化产业区域差异进一步扩大。另一方面，全国的公共文化服务发展水平不均衡，东部地区普遍高于国家平均水平，但公共文化服务的差距在近两年逐步缩减。

第二，文化产业发展重心与公共文化服务发展重心偏离中国陆地几何重心。10年间文化产业与公共文化服务的重心均呈现出向西偏移的趋势，其中公共文化服务的偏离趋势更为显著，说明我国公共文化服务的均等化取得了一定的成效。总体上看，我国文化产业与公共文化服务的重心格局具有一定的稳定性。从文化产业与公共文化服务的子指数重心迁移的轨迹看，文化产业投入与文化产业效益间的衔接较好，公共文化服务投入与公共文化服务收益之间尚未实现良好的转换。

第三，我国31个省（自治区、直辖市）2008~2017年的文化产业和公共文化服务存在协调度高、综合发展度低、耦合度偏低的情况。北京、河北、广东3个省份属于文化产业优先型，江苏、福建、山东、河南、湖北和贵州6个省份属于同步发展型，其余的22个省份则属于文化产业滞后型。进一步的聚类分析表明，当前全国31个省份可划分为四类。从第一类到第四类的文化产业发展综合指数、公共文化服务综合指数和耦合度均值呈现逐次递减的趋势。

第四，文化产业和公共文化服务存在显著的相互促进关系。文化产业中产业基础、产业投入及产业效益对公共文化服务的影响强度逐次递增。公共文化服务中，服务投入、服务内容和服务效益对文化产业发展的影响系数分别为逐次递减。东部、中部、西部三大区域同样展现出文化产业和公共文化服务的双向促进关系。

基于上述结论，本书从全国、三大区域、省域层面提出了对策与建议：从全面层面上，要深化文化体制改革，做好顶层设计。健全文化领域知识产权保护体系。进一步完善文化人才生态体系，促进文化产业与公共文化服务集聚发展。推动文化产业与公共文化服务协同创新。从三大区域层面上，要推动东部地区先行先试，引领东、中、西部地区发展。实行中部崛起战略，促进中部区域协调发展。寻求西部地区重点突破，带动其他省份协同发展。从省域层面上，文化产业优先型省份，同步发展型省份，文化产业滞后型省份要因地制宜，结合自身基础条件和产业优势促进文化产业与公共文化服务协调发展。

目 录

第一章 绪论 ··· 1

 一、研究背景 ····································· 1

 二、研究目的及意义 ······························· 3

 三、文献综述 ····································· 5

 四、研究内容与思路方法 ·························· 33

 五、主要创新点 ·································· 36

第二章 理论基础与相关概念界定 ························ 37

 一、理论基础 ···································· 37

 二、相关概念界定 ································ 45

第三章 中国文化产业与公共文化服务的发展历程与协调机理 ·· 59

 一、中国文化产业的发展历程 ······················ 59

 二、中国公共文化服务的发展历程 ·················· 64

 三、文化产业与公共文化服务的协调机理 ············ 68

 四、本章小结 ···································· 84

第四章 文化产业与公共文化服务发展水平测算与分析 ······ 85

 一、指标体系的构建 ······························ 85

 二、指标权重的设置 ······························ 91

 三、数据的标准化处理 ···························· 95

四、综合指数的计算 …………………………………………… 96
五、综合指数的分析 …………………………………………… 97
六、本章小结 …………………………………………………… 114

第五章 文化产业发展与公共文化服务的重心分析 …………… 116
一、重心模型简介 ……………………………………………… 116
二、文化产业和公共文化服务重心的测算 …………………… 118
三、文化产业发展和公共文化服务重心偏离度分析 ………… 129
四、本章小结 …………………………………………………… 133

第六章 文化产业发展与公共文化服务的耦合分析 …………… 135
一、系统耦合模型简介 ………………………………………… 135
二、耦合度的测算与分析 ……………………………………… 139
三、对耦合度的进一步分析 …………………………………… 152
四、本章小结 …………………………………………………… 157

第七章 文化产业与公共文化服务协调发展的回归分析 ……… 159
一、面板单位根检验 …………………………………………… 160
二、格兰杰因果检验 …………………………………………… 161
三、面板数据回归 ……………………………………………… 163
四、本章小结 …………………………………………………… 166

第八章 研究结论与对策建议 …………………………………… 168
一、研究结论 …………………………………………………… 168
二、对策建议 …………………………………………………… 170
三、研究展望 …………………………………………………… 180

参考文献 ………………………………………………………… 182

第一章 绪论

一、研究背景

文化兴则国运兴，文化强则民族强。没有高度的文化自信，没有文化的繁荣兴盛，就没有中华民族的伟大复兴。发展中国特色社会主义文化，要大力发展文化产业，充分发挥市场手段提高文化产品供给的质量，提升资源配置的效率，同时也要加强公共文化服务建设，保障人民群众最基本的文化生活需要，让文化的发展成果惠及全体人民。

我国将中国特色社会主义文化建设放在国家发展的重要位置。改革开放以来，党和政府带领全国各族人民发展文化事业，繁荣文化产业，不断健全公共文化服务体系，为坚定文化自信打下了坚实基础。

随着中国特色社会主义进入新时代，文化产业已经成为中国经济发展繁荣的强大引擎，文化产业被定位为国民经济的支柱产业，为中国文化走向全球奠定了坚实的产业基础。与此同时，在全面建成小康社会的背景下，我国公共文化服务的投入力度和服务效能逐步提高，现代公共文化服务体系已基本建成，并日益完善。

从理论上看，文化产业与公共文化服务存在着协同耦合机制。发展文化产业和提供优质的公共文化服务是繁荣社会主义文化的两个侧面，而推进我国文化产业与公共文化服务之间协调发展则是政府的一项重要职责。党的十九大报告指出,"中国特色社会主义进入了新时代,我国社会主要矛盾已经转化为人民日益增长的美好生活需要和不平衡不充分的发展之间的矛盾"。人民日益增长的美好生活需要,在基础层次上是物质性需要,在深层次上就是精神文化的需要。发展好文化产业,提供好公共文化服务,做到"两手抓,两手硬",满足人民群众在不同层次上的文化需求是我们文化建设的根本出发点。

文化产品具有公共产品属性,文化产业具有外部性,文化产业通过市场手段能够为公共文化服务提供丰富的文化产品、充沛的文化资本,营造出浓郁的文化氛围。文化企业提供的优质文化产品是提升公共文化服务水平的重要依托,而公共文化服务发展又为文化产业的腾飞营造出良好的基础条件,为文化产业提供文化消费环境和文化消费市场,对文化产业实现价值引领。从宏观上看,发展文化产业与开展公共文化服务共同推动了社会主义文化的繁荣兴盛。

从现实看,在全国范围内文化产业与公共文化服务耦合联动的情况还不尽如人意。在各地的实践中,存在着文化产业与公共文化服务不协调、不均衡的情况。有些地区,文化产业发展得比较快,但公共文化服务水平却并没有相应提高,公共文化服务发展迟缓反过来制约了文化产业的发展。有些地区文化资源丰裕,地方政府也重视提升公共文化服务水平,但文化产业的发展却不尽如人意,造成了文化产业发展缺乏后劲。还有一些地方,文化产业与公共文化服务的水平都相对滞后,文化产业与公共文化服务体系的构建缺乏应有的沟通与互动,两者相互促进、联动发展的机制还没有形成,文化产业与公共文化服务之间存在着"伪协调"的现象。

文化产业与公共文化服务的协调发展有着坚实的基础。文化产业与公共文化服务相互融合,相互渗透,相辅相成,在产品、人才、技术、资本、信息等方面具有广泛的契合性。以文化内容为依托的新技术、新业态层出不穷,"文化+旅游""文化+制造""文化+科技"给文化产业与公共文化服务注入了新的活力。随着文化跨行业、跨要素不断走向新的融合,与文化产业有关的互联网、云计算、数字化、人工智能方面的人才资源成为各大企业争抢的对象。

文化产业方面,我国文化商品供给的主要矛盾发生了转变,"已经不是缺不缺、够不够的问题,而是好不好、精不精的问题"①。推动文化产业高质量发展成为时代提出的新命题。新时代,我国文化产业将转变发展方式,深入推进供给侧改革,以市场为导向提高生产优质内容的能力。加强文化创新,与公共文化机构合作,积极参加政府采购,协同开发文化资源,增强文化供给品的创新创意,推动文化消费向更高层次、更高水平升级是文化产业面临的新机遇。

同样,我国公共文化服务的发展也面临着深化内涵建设,提高供给效率,促进公共文化服务标准化、均等化等问题。在我国公共文化服务体系建设中,长期以来政府既是公共文化服务的责任主体,又是供给主体,造成了公共文化服务的低效率。为提高公共文化服务供给水平,国家出台政策鼓励社会力量参与公共文化服务建设,给文化产业的发展带来了大量的机会。

考虑到省级行政区的统计数据在文化产业与公共文化服务方面的代表性,本书从31个省份入手考察文化产业与公共文化服务的耦合协调问题(鉴于经济管理体制的不同以及统计数据的差异,本书没有将香港、澳门、台湾列入研究范围),并在数据分析的基础上,提出了推进文化产业与公共文化服务协调发展的对策与建议。

二、研究目的及意义

1. 研究目的

本书重点关注文化产业与公共文化服务的协调发展问题:

一是拟明确文化产业与公共文化服务的内涵、关联性、发展历程、耦合协调、机理,从而进一步拓展和丰富文化产业与公共文化服务协调发展的理论内涵。

二是拟利用2008~2017年的面板数据,测度文化产业与公共文化服务的综

---

① 本报评论员. 更好满足人民精神文化生活新期待 [N]. 人民日报. 2018-09-01 (004).

合指数,分析10年间我国文化产业与公共文化服务综合指数的发展变化情况。

三是拟通过重心位移模型,耦合协调模型计算中国文化产业与公共文化服务的重心迁移情况、耦合协调情况,考察我国文化产业与公共文化服务的时空分异现象。同时通过聚类分析对我国31个省(自治区、直辖市)的耦合情况进行分类分析,通过回归分析,明确文化产业与公共文化服务子指数集间的相互影响关系,为提出对策建议做铺垫。

四是拟在以上研究的基础上提出推进我国文化产业与公共文化服务协调发展的政策建议,为政府及有关部门的决策提供参考。

2. 研究意义

文化产业与公共文化服务,相互融合、相互作用、相辅相成,共同推动经济社会的快速发展。新的时代背景下,文化产业和公共文化服务协调发展,是促进社会公共正义、保障公民文化权益、彰显社会主义制度优越性的内在要求,也是经济发展提质增效的外在表现,是大势所趋,具有重要的理论与现实意义。

理论意义:文化产业与公共文化服务协调发展的研究在国内外尚未形成成熟的理论。综观国内外相关文献可以发现,国内外学者对于文化产业、文化产业竞争力、文化产业融合发展、公共文化服务均等化、公共文化服务标准化、公共文化服务的评价研究着墨较多,较少有直接探讨文化产业与公共文化服务协调发展的论述,特别是缺少对于两者协调发展的基础、协同机制、协调发展耦合测评等方面的研究。本书在综合前人成果的基础上构建了文化产业与公共文化服务发展水平的综合评价指标体系,并运用耦合协调模型、重心迁移模型对评价结果进行耦合协调度测量与分析,相关研究对文化产业与公共文化服务的协调发展提供了理论依据。本书采用的计量方法和研究模型可为从事相关研究的科研工作者提供一定的方法借鉴,在理论上进一步深化了有关研究。

现实意义:一是本书运用面板数据,通过计算文化产业与公共文化服务的发展指数、重心偏移情况、耦合协调度等数据,分析我国东中西部地区文化产业与公共文化服务的协调情况,针对不同类型的耦合关系分析其发展规律,提出对策和建议,有利于国家有关部门对文化产业和公共文化服务的发展进行统筹规划和综合管理。二是在中国文化产业发展成为支柱产业、国家现代公共文化服务体系基本建成的背景下，文化产业与公共文化服务协调发展迎来了前所未有的机遇和挑战。积极推动文化产业与公共文化服务协调发展，是解决当前文化领域供求矛盾的要求，也是保障好人民群众的文化权益，进一步发展好社会主义文化、进一步坚定文化自信、建设社会主义文化强国现实需要。

三、文献综述

1. 文化产业发展评价的相关研究

（1）文化产业的评价指标。

由于各国对文化产业内涵与外延的界定不同，因此对文化产业发展综合评价的研究范畴也不尽相同。自英国布莱尔政府1997年提出创意产业的概念之后，创意产业迅速在全世界范围内引起广泛关注。联合国以及各国政府纷纷成立研究小组，设计各种创意指数，以测度一个国家或地区的创意竞争力状况。创意指数一方面可以反映创意经济与社会、经济、文化等环境因素的关联度，另一方面也从侧面反映了区域内创意集群企业竞争优势的来源。联合国社会发展研究所和教科文组织1997年发布了《针对文化和发展的全球性报告：建立文化数据和指数》，提出用统计数据和指数衡量文化产业发展态势。

在文化产业发展的综合评价方面，美国城市社会学家理查德·佛罗里达（Richard Florida）较早提出的"3T"理论受到学者们的广泛关注与认同，成为评价和指导创意产业发展最重要的基础理论之一。Florida（2002）① 研究创意阶层（知识工作者、专业与科技工作者等）的流动和集聚，首次从人才（Talent）、技术（Technology）、包容性（Tolerance）三个层面构建创意产业指数即"3T"指数，来分析美国创意产业经济的发展现状与趋势。在此基础上，Florida 和 Tinagli

---

① FLORIDA R. The Rise of the Creative Class [J]. Washington Monthly, 2002, 35 (5): 593-596.

(2004)① 将"3T"理论应用于欧洲地区,对中欧、北欧的 14 个国家与美国进行了比较,提出了 ECI(European Creativity Index),使之成为全球最具影响力的创意城市衡量指数。Florida 的"3T 理论"对于研究创意产业、经济增长和区域竞争力之间的关系具有巨大贡献。但也有学者提出了不同于"3T 理论"的创意产业评价体系。Barney(1997)② 构建了属于内生理论的资源和能力评估模型 VRIO 模型。Glaeser(2005)③ 认为"3T"理论中的评价指标之间具有高度相关性,提出了包含技能(Skills)、阳光(Sun)和城市蔓延(Sprawl)三大因素的"3S"理论。相比而言,"3S"理论更强调良好环境对于发展创意产业的重要作用。Landry(2011)④ 提出了创意城市竞争力的测量指标,包括政治与公共政策、独特性与多样性、战略领导力、专业性与有效性等十大因素。Petrikova 等(2015)⑤ 基于"3T"理论,对 2009 年斯洛伐克 8 个城市的创意能力进行了分析,并提出要加强教育设施建设、创意人才培养、创新型中小企业发展和政府职能等对策建议。

我国学者从 20 世纪 90 年代中期开始研究文化产业的竞争力,从不同角度提出了大量评价模型和指标体系。出于文化产业的内涵概念缺乏统一的界定、新兴业态层出不穷以及文化产业的相关统计数据不足等原因,很难采用直接评价法来测度文化产业发展竞争力,国内学者主要是通过构造包含多因素的指标体系对文化产业竞争力进行定量分析。其中,比较有代表性的文化产业竞争力评价指标体系包括以下四种:

第一,基于波特"钻石模型"的评价体系。1990 年,美国哈佛商学院战略管理学家迈克尔·波特(Michael E. Porter)提出了决定国家或区域竞争力的"钻石模型"理论,并将影响某一产业国际竞争力的因素总结为生产要素、需求要

---

① FLORIDA R, TINAGLI I. Europe in the Creative Age [M]. London: Demos, 2004: 79–90.
② BARNEY J B. Gaining and Sustaining Competitive Advantage [M]. Massachusetts: Wesley Publishing Company, 1997: 134–175.
③ GLAESER E. Review of Richard Florida's The Rise of the Creative Class [J]. Regional Science & Urban Economics, 2005, 35 (5): 593–596.
④ LANDRY C. The Creativity City Index [J]. City Culture & Society, 2011, 2 (3): 173–176.
⑤ PETRIKOVA K, VANOVA A, BORSEKOVA K. The role of creative economy in Slovak Republic [J]. AI & Society, 2015, 30 (2): 271–281.

素、相关产业和企业战略四个关键因素及机会和政府行为两个辅助要素。在此基础上，大量国内学者对波特理论进行改进和创新，提出了以波特竞争力优势理论为依据的我国文化产业竞争力评价指标体系。祁述裕、殷国俊（2005）① 采用波特评价体系，建立了反映国家文化产业竞争力的综合评价三级指标体系，并对15个国家的文化产业竞争力进行了测度与比较。李宜春（2006）② 提出将文化产业竞争力分成核心竞争力（中心环节）、基础竞争力（竞争动力）和环境竞争力（外部激励）三个模块，并进一步从生产要素、需求状况、相关产业、文化企业、政府行为五个层面构建文化产业竞争力评价指标体系，对安徽省文化产业竞争力进行了初步评价。李高业（2008）③ 将波特"钻石模型"中影响文化产业竞争优势的五大要素系统归类分为核心竞争力、基础竞争力和软环境竞争力三大模块，提出了发展文化产业的政策建议。毕小青、王代丽（2009）④ 以波特"钻石模型"为基础，从文化需求、生产要素、相关产业发展情况、企业战略与竞争状况、生产竞争力、创新能力层面建立了文化产业竞争力的分析模型。蓝庆新、郑学党（2012）⑤ 根据波特"钻石模型"理论，从生产要素、需求状况、产业关联、企业发展、政府行为和贸易行为层面构建指标体系，对我国文化产业国际竞争力水平进行了测度。

以波特的"钻石模型"理论为基础，构建我国文化产业竞争力评价体系是学者们广泛采用的研究方法。但是该模型存在以下弊端：一是"钻石模型"主要侧重于文化产业外部竞争力方面的评价，较少关注产业内部运作的竞争力评价；二是该模型主要从宏观视角出发，针对的是国家层面的产业竞争力问题，缺少中观和微观层面竞争力的考量。

第二，基于现实竞争力与潜在竞争力的评价体系。文化产业竞争力既是一种

---

① 祁述裕，殷国俊. 中国文化产业国际竞争力评价和若干建议 [J]. 国家行政学院学报，2005 (2)：50 - 53.

② 李宜春. 省域文化产业竞争力评价指标体系初探——以安徽省为例 [J]. 经济社会体制比较，2006 (2)：99 - 103.

③ 李高业. 文化产业集群竞争力的提升 [J]. 理论学习，2008 (4)：35 - 36.

④ 毕小青，王代丽. 基于"钻石模型"的文化产业竞争力评价方法探析 [J]. 华北电力大学学报（社会科学版），2009 (3)：54 - 58.

⑤ 蓝庆新，郑学党. 中国文化产业国际竞争力评价及策略研究——基于2010年横截面数据的分析 [J]. 财经问题研究，2012 (3)：32 - 39.

现实竞争能力，也代表了可持续发展的能力。因此，部分学者从现实竞争力、潜在竞争力两方面构建评价体系。徐萍（2006）① 从文化产业的市场占有、规模、效率、效益、创新能力等方面，构建了代表潜在竞争力和现实竞争力的竞争力指标体系，测度和分析了陕西省文化产业竞争力情况。顾乃华、夏杰长（2007）② 从现实竞争力与潜在竞争力两个层面构建指标体系，对我国主要城市的文化产业竞争力进行了评价与比较，并基于钻石模型提出了文化产业竞争力的提升路径。李雪茹（2009）③ 认为，我国文化产业整体开发较晚、产业发展尚未成熟，其发展潜力甚至比现有实力更加重要，因此基于 VRIO 模型构建了包含价值要素、稀缺性要素、不可模仿要素、组织要素的评价体系。江振娜（2010）④ 选取和构建了潜在和现实竞争力的 30 个指标，对福建省文化产业竞争力进行综合评价，潜在竞争力包括资源竞争力和研创竞争力，而现实竞争力包括投入竞争力和规模竞争力。庄错和王虹（2012）⑤ 将文化产业创新潜力和文化产业发展潜力纳入竞争力评价指标体系，借助因子分析和聚类分析将我国文化产业竞争力分布格局分为四类地区。杨头平，潘桑桑（2018）⑥ 从基础竞争力、显性竞争力以及潜在竞争力三个层面构建评价体系，测算了中部六省区文化产业竞争力水平并分析了竞争力差异的原因。

由此可见，现实竞争力主要是通过文化产业表现出来的经营效率和占据市场的能力，来反映文化产业发展的现实水平；而潜在竞争力主要反映决定区域文化产业成长与可持续发展的潜在影响力。

第三，基于文化产业运行过程和环境的评价体系。赵彦云等（2006）⑦ 认为

---

① 徐萍. 陕西文化产业竞争力评价与分析 [J]. 统计与信息论坛，2006（3）：77-80.
② 顾乃华，夏杰长. 我国主要城市文化产业竞争力比较研究 [J]. 商业经济与管理，2007（12）：52-57，68.
③ 李雪茹. 区域文化产业竞争力评价分析：基于 VRIO 模型的修正 [J]. 人文地理，2009，24（5）：76-80.
④ 江振娜. 福建文化产业竞争力评价研究 [J]. 福建金融管理干部学院学报，2010（2）：29-33.
⑤ 庄错，王虹. 区域文化产业竞争力评价实证研究 [J]. 统计与决策，2012（15）：87-89.
⑥ 杨头平，潘桑桑. 中部地区文化产业竞争力评价与差异分析 [J]. 经济地理，2018（12）：119-125.
⑦ 赵彦云，余毅，马文涛. 中国文化产业竞争力评价和分析 [J]. 中国人民大学学报，2006（4）：72-82.

文化产业竞争力包括文化内容的竞争力和文化产业活动的竞争力，从文化实力、市场收益、文化产出、公共文化消费、人才和研创、政府财政、文化资源和基础设施7个层面，构建文化产业竞争力评价体系，利用等权平均法测度出我国31个省份文化产业的整体竞争力水平。李卫强（2012）[①] 参考赵彦云教授的研究，对北京市文化产业竞争力进行测度，发现在竞争力的主因子中，文化产出竞争力因子得分最低，文化产业实力和市场收益竞争力因子得分最高。

第四，基于微观层面的文化产业竞争力评价体系。除从中观的产业层面测度和分析文化产业竞争力外，也有部分学者从微观层面对文化产业园区、文化产业集聚区以及文化企业的竞争力进行评价。史征（2009）[②] 确定了影响文化产业集群竞争力的六大因素，包括资源、设施、供应商和相关辅助产业、企业的结构战略和竞争、内部市场、外部市场，运用GEM模型对杭州数字娱乐产业集群为代表的文化产业集群竞争力进行分析评价。辛阳（2013）[③] 认为，文化企业的竞争力是指通过对自身资源和外部资源的高效配置，不断地对文化产品进行创新，以迅速占据市场，获得经济效益和社会效益的能力，从规模实力、盈利能力、偿债能力、资产营运能力和创新能力五个层面构建文化企业竞争力评价模型。潘爱玲等（2016）[④] 考虑到文化产业具有经济和意识形态的双重属性，从经济效益（企业创造利润的能力）和社会效益（企业履行的社会责任和社会影响力）两个维度衡量文化企业的竞争力。

（2）文化产业的评价方法。

在确定了文化产业竞争力评价指标体系之后，如何选择合适的实证模型评估和测算文化产业竞争力尤为重要。目前常用的测算方法包括：

第一，因子分析法。李程骅、孙龙（2008）[⑤] 从产业基础条件、市场化程

---

① 李卫强. 北京市文化产业竞争力的实证研究 [J]. 国际贸易问题, 2012 (3): 90 - 96.
② 史征. 文化产业集群竞争力评价实证研究——以杭州数字娱乐产业集群为例 [J]. 生产力研究, 2009 (18): 18, 141 - 143.
③ 辛阳. 我国文化企业竞争力评价指标体系的构建与应用 [J]. 当代经济研究, 2013 (5): 34 - 38.
④ 潘爱玲, 邱金龙, 闫家强. "三跨"并购与文化企业综合竞争力提升研究——来自A股上市公司的实证证据 [J]. 山东大学学报（哲学社会科学版）, 2016 (3): 1 - 12.
⑤ 李程骅, 孙龙. 南京都市圈文化产业竞争力研究 [J]. 学海, 2008 (2): 142 - 149.

度、相关支撑条件三个层面构建文化产业竞争力评价体系,对江苏省 16 个地级市文化产业竞争力的核心能力和潜在能力进行了比较分析。叶丽君、李琳(2009)① 运用因子分析和聚类分析法对我国 31 个省(自治区、直辖市)文化产业竞争力进行评价和分析,发现各地区文化产业发展存在差异。梁君、黄慧芳(2012)② 从文化产业竞争绩效和文化产业竞争动力两方面构建文化产业竞争力综合评价指标体系,借助因子分析法测度我国省域文化产业竞争力水平,发现各省份文化产业竞争力水平存在严重的两极分化。杜心灵(2014)③ 采用因子分析法对广东省文化产业竞争力进行综合评价,并从经济发展、科技振兴、品牌带动、人才培育四个层面提出了政策建议。

第二,层次分析法。姜彤彤、吴修国(2011)④ 在钻石模型和可持续发展理论的基础上,构建了地区文化产业竞争力评价体系,并设计了基于层次分析法(AHP)的文化产业竞争力评价模型。靳晓婷(2013)⑤ 提出了一种基于层次分析法的新的资源型文化产业竞争力评价方法。钱明霞等(2011)⑥ 认为,文化产业竞争力的一、二级指标以及二级指标之间可能是相互影响和相互依存的,采用传统的层次分析法确定权重会产生较大误差,因此提出借助网络层次分析法(ANP)评价地区文化产业竞争力。王岚、赵国杰(2008)⑦ 运用网络层次分析法(ANP)法研究了文化产业竞争力评价指标体构建和指标权重的确定,发现影响地区文化产业竞争力最重要的元素集依次是产业实力、产业效益、产业关联、产业能力、产业资源、产业结构和产业环境。

(3)中国文化产业区域差异研究。

---

① 叶丽君,李琳. 我国区域文化产业竞争力评价与差异分析 [J]. 科技管理研究,2009(3):94 - 97.

② 梁君,黄慧芳. 中国省级区域文化产业竞争力分析 [J]. 统计与决策,2012(11):91 - 94.

③ 杜心灵. 文化产业竞争力的分析与评价——以广东为例 [J]. 经济问题,2014(1):78 - 82.

④ 姜彤彤,吴修国. 基于 AHP 的文化产业竞争力评价模型研究——借鉴钻石模型理论和可持续发展思想 [J]. 云南财经大学学报,2011(6):126 - 134.

⑤ 靳晓婷. 基于 AHP 的资源型文化产业竞争力评价方法 [J]. 统计与决策,2013(10):81 - 84.

⑥ 钱明霞,金中坤,刘松. 基于网络层次分析法的文化产业竞争力评价体系研究 [J]. 科技管理研究,2011(17):71 - 74.

⑦ 王岚,赵国杰. 基于 ANP 的地区文化产业竞争力评价模型与指标体系 [J]. 科学学与科学技术管理,2008(7):17,129 - 132.

在中国经济步入新常态的背景下,区域文化产业创新发展和助力区域经济转型升级成为重要研究议题。胡惠林(2006)① 较早提出了区域文化经济的不平衡性,认为文化生产要素的不完全流动、地域空间的成本因素以及文化经济活动的不完全可分是区域文化经济客观存在的三个条件。胡惠林同时指出文化产业布局的规律主要表现在:文化产业的依附性(文化产业布局不能像有的产业那样远离人口聚居区,凭空形成一个产业部门或类型)和趋集中性(产业集聚)方面。

在实证方面,国内诸多学者对文化产业的区域发展水平差异进行了定量研究和比较分析。在研究的空间范围上,以 31 个省(自治区、直辖市)区域空间比较为主,也有一些是省级行政区域范围内进行的比较。在分析模型和方法上,钻石模型、DEA 模型和因子分析法、层次分析法使用得比较多。从研究的结果看,中国文化产业的区域差异较为明显。

从研究视角来看,学者们主要是从文化产业的综合竞争力、文化产业的效率两个方面研究我国文化产业发展的区域差异。

第一,文化产业竞争力的区域差异研究。叶丽君、李琳(2009)② 构建了基于文化产业现实竞争力和潜在竞争力的评价指标体系,依托 2005~2006 年的宏观数据,运用因子分析法对我国省域文化产业竞争力进行了评价,并对评价数据做了聚类分析。结果显示我国省域文化产业发展差异显著,北京、上海、广东属于强竞争力类,海南、辽宁、山西等省份属于弱竞争力类,整体而言,文化产业竞争力与地区经济发展水平基本一致,仅少部分地区存在明显分异。高莉莉、顾江(2013)③ 采用 2007~2011 年江苏省文化产业相关数据,构建了涵盖 7 个二级指标 12 个三级指标的文化产业竞争力评价体系。研究发现,江苏文化产业在时间层面上呈现出时序递增的趋势,在空间层面上呈现出差别性,经济发展水平较高的苏南地区要强于苏中地区,苏北地区最弱,文章将江苏省 13 地市按文化产

---

① 胡惠林. 关于区域文化产业战略与空间布局 [J]. 山东社会科学, 2006 (2): 5-14.
② 叶丽君, 李琳. 我国区域文化产业竞争力评价与差异分析 [J]. 科技管理研究, 2009 (3): 94-97.
③ 高莉莉, 顾江. 江苏区域文化产业竞争力动态分析及思考 [J]. 南京社会科学, 2013 (4): 150-156.

业竞争力综合得分划分为三个方阵,并提出了对策建议。曹文明等(2019)① 以湖南省2012~2016年文化产业数据为样本,对湖南省各地市文化产业竞争力水平进行了综合评价。研究结果显示,5年间湖南全省文化产业综合得分呈递增趋势;就竞争力而言,湘东领先于湘中和湘西;具体来说长沙长期处于领先位置,湘潭、株洲、衡阳实力总体相当,永州、娄底、益阳等10个地区一直处于较为落后的位置,区域间文化产业发展水平并不协调,因此需要加强长湘株等湘东重点城市的核心辐射作用,促进区域文化产业融合发展。

第二,文化产业效率的区域差异研究。王家庭、张容(2009)② 利用三阶段DEA模型分析2004年我国31个省(自治区、直辖市)文化产业的运营效率,发现文化产业的发展现状存在差异,东部地区最优,中部地区次之,西部地区靠后。马萱、郑世林(2010)③ 利用1998~2006年我国文化产业省际面板数据,采用DEA方法对文化产业效率进行了实证研究,结果表明,整体上我国文化产业纯技术效率偏低,提升空间较大,其中东部地区文化产业的技术、纯技术和规模效率均高于中西部地区,但区域间的差异在逐渐缩小。袁海、吴振荣(2012)④ 借助BCC模型和超效率DEA模型测算2004~2008年我国各省份文化产业的效率,发现纯技术效率存在显著的地区差异,而规模效率的地区差异性不明显。鲁小伟、毕功兵(2014)⑤ 基于文献中广东、重庆等13个省份文化产业的原始指标数据,选取了有关投入和产出的8个评价指标,经主成分分析法筛选后再利用DEA相关模型获得13个省份的文化产业投入产出效率值,并对各地区的技术效率、规模效率、综合效率进行了分析,研究体现了较好的区分度,结果

---

① 曹文明,黄飞,陈朝霞. 区域文化产业发展水平的组合评价研究——以湖南为例[J]. 湖南社会科学,2019(2):116-123.
② 王家庭,张容. 基于三阶段DEA模型的中国31省市文化产业效率研究[J]. 中国软科学,2009(9):75-82.
③ 马萱,郑世林. 中国区域文化产业效率研究综述与展望[J]. 经济学动态,2010(3):83-86.
④ 袁海,吴振荣. 中国省域文化产业效率测算及影响因素实证分析[J]. 软科学,2012(3):72-77.
⑤ 鲁小伟,毕功兵. 基于主成分分析法的区域文化产业效率评价[J]. 统计与决策,2014(1):63-65.

显示广东和重庆处于文化产业效率有效性前列。赵阳、魏建（2015）[①]采用SFA模型（随机前沿分析）对我国除西藏自治区以外的30个省份的文化产业技术效率进行了研究，文章采用1998~2012年《中国文化文物统计年鉴》《中国统计年鉴》的面板数据，考察规模因素、环境因素以及文化体制改革因素对我国区域文化产业技术效率水平的影响程度。结果显示，我国文化产业整体技术效率呈上升趋势，但平均水平不高，仅为0.603，且区域间技术效率水平差别显著。王学军（2015）[②]利用2013年甘肃省文化产业快报数据，运用DEA模型并采用投入导向下的BCC方法对14个地市州的文化产业效率进行了定量研究，研究结果显示：甘肃省文化产业效率整体水平不高，且各地市州之间存在较大差异；甘肃省14个地市州文化产业效率受环境因素和随机误差的影响较为显著；此外，市域文化产业的管理水平较低，规模报酬状态较差。戴俊骋等（2018）[③]使用2004年、2018年、2013年三次全国经济普查数据，利用"规模—效率"二维框架，分析了中国省域文化产业的空间格局，并根据全国31个省（自治区、直辖市）"十三五"规划的目标，推演了"十三五"末期文化产业的发展格局。研究表明，由于我国区域经济与文化产业发展的耦合效应，再叠加市场的放大效应、价格指数效应、政策的先导效应等因素，累积循环最终表现为文化产业规模与效率的区域差异较大、空间分布不均衡，而且这种空间不均衡的格局还会进一步极化。

从研究结果来看，我国文化产业发展迅速，正在成为各地区新的经济增长点，但是区域发展不平衡的现象较为明显。彭岚嘉（2009）[④]基于各地区的文化消费因子、文化产业规模因子测度分值，将我国文化产业发展分为文化需求和规模双领先、需求领先规模不足、规模领先需求不足、需求规模均不足四种类型。徐萍（2006）[⑤]采用2003~2004年的宏观数据，构建了8个方面19个统计指标

---

① 赵阳，魏建.我国区域文化产业技术效率研究——基于随机前沿分析模型的视角[J].财经问题研究，2015（1）：30-36.
② 王学军.基于三阶段DEA模型的甘肃省区域文化产业效率研究[J].统计与信息论坛，2015（7）：45-50.
③ 戴俊骋，孙东琪，张欣亮.中国区域文化产业发展空间格局[J].经济地理，2018（9）：122-129.
④ 彭岚嘉.中国西部文化产业发展现状及其对策[J].中国文化产业评论，2009（2）：224-234.
⑤ 徐萍.陕西文化产业竞争力评价与分析[J].统计与信息论坛，2006（3）：77-80.

的文化产业发展水平的评价体系,在选用因子分析法进行定量分析后将全国31个省(自治区、直辖市)划分成四类:第一类由浙江、上海组成,第二类以广东、北京、江苏、天津等东部经济较为发达的地区为典型,第三类以西部经济欠发达地区为典型,主要有陕西、四川、云南、山西、甘肃、西藏、贵州等省份,这些地区近年来文化产业发展很快,尤其以四川和陕西为代表。第四类是中部地区的部分省份,以湖南、安徽、河南、河北为代表,这些省份文化产业规模和文化消费需求的因子得分均低于全国平均水平。王岚等(2008)①、马萱(2011)②、庄锴等(2012)③、胡洪斌(2016)④ 等学者也对省域文化产业的发展情况作出了定量评价,综合以上学者们的研究结论,从全国范围看,全国31个省(自治区、直辖市)文化产业发展水平不均衡,整体格局呈现出东高西低的阶梯状分布。北京、上海、江苏、浙江、广东等省份发展速度较快,处于领跑位置,中部一些省份如湖北、湖南、河南等处于跟跑位置,西部地区的青海、西藏、宁夏等省份发展较弱处于队尾位置,全国形成东部先行,中西部快速追赶的态势。从省际范围看,同一省份各地级市之间文化产业的发展也不平衡,省会城市发展水平明显强于其他地级市。

综上,从对文化产业发展评价的相关研究来看,有关文化产业的相关理论研究和评价分析研究得已较为深入。波特的钻石模型、Florida 的"3T"理论都产生了较为深远的影响。在文化产业的概念上,由于学术界分歧较大,没有形成统一的认识。从研究领域来看,文化产业理论的研究仍然主要以文学、艺术学、社会学、管理学、经济学等学科为主,近年来从经济学、管理学等角度进行分析的文献逐年增多。在研究方法上,西方学者的定性研究较多,在具体的评测方面,对国内的研究参考价值有限。我国学者更偏重于经济学的实证分析,构建了较为丰富的指标体系可以从各种角度评价国内外文化产业发展状况。但当前的理论创新仍显不足,未来需要根据文化产业的特征来丰富和完善相关理论进行文化产

---

① 王岚,赵国杰. 基于ANP的地区文化产业竞争力评价模型与指标体系[J]. 科学学与科学技术管理,2008 (7):17,129 – 132.
② 马萱. 我国区域文化产业竞争力研究[M]. 北京:社会科学文献出版社,2011.
③ 庄锴,王虹. 区域文化产业竞争力评价实证研究[J]. 统计与决策,2012 (15):89 – 91.
④ 胡洪斌. 中国区域文化产业竞争力评价研究——基于2013年截面数据的实证分析[J]. 文化产业研究,2016 (1):21 – 37.

竞争力评价。

2. 公共文化服务发展评价的相关研究

对公共文化服务的评价是公共文化服务过程的一个重要环节，伴随着公共文化服务的产生而产生，伴随着公共文化服务的发展而发展。由于各国发展公共文化服务的理念和路径不同，环境与条件各异，其公共文化服务的评价也呈现出不同的特色。

（1）公共文化服务评价的历程。

西方国家对公共文化服务的评价是从公共图书馆、公共博物馆、剧院、美术馆等公共文化机构的评价开始的。1969年，美国学者摩斯（Philip Morse）在专著《图书馆效用：一种系统方法》（Library effectiveness：A systems approach）中，提出利用数学模型来评估图书馆资源的效用，这也是第一部论述图书馆评估的专著①。Mary Susan Easun（1994）② 较早使用DEA方法对公共图书馆的绩效进行了测定。Tser-yieth Chen（1997）③ 计算了23所高校图书馆的总体效率得分，以及技术效率和规模效率得分，发现效率低下的图书馆对购置费用和图书流通管理不善。KR Sharma（1999）④ 对夏威夷47家公共图书馆的绩效和资源利用效率进行了评价。研究结果表明，47个图书馆中有14个在技术上是有效的，评估的效率得分与相关的图书馆特定因素和社区特征（如总建筑面积、馆藏规模、人口密度和位置）相关，馆藏面积和藏书量对图书馆绩效有中度正向影响。Frederico A de Carvalho等（2012）⑤ 对里约热内卢图书馆的绩效管理做了考察；在公共博物

---

① MORSE M C. Library effectiveness：A systems approach [M]. Cambridge：MIT Press，1969：93.
② EASUN M S. Identifying inefficiencies in resource management：An application of data envelopment analysis to selected school libraries in California [J]. School Library Media Quart，1994（2）：103-106.
③ CHEN T. A measurement of the resource utilization efficiency of university libraries [J]. International Journal of Production Economics，1997，53（1）：71-80.
④ SHARMA K R，LEUNG P，ZANE L. Performance measurement of Hawaii state public libraries：An application of Data Envelopment Analysis（DEA）[J]. Agricultural and Resource Economics Review，1999，28（2）：190-198.
⑤ DE CARVALHO F A，JORGE M J，JORGE M F，et al. Library performance management in Rio de Janeiro，Brazil：Applying DEA to a sample of university libraries in 2006-2007 [G]. New Trends In Qualitative And Quantitative Methods In Libraries：Selected Papers Presented at the 2nd Qualitative and Quantitative Methods in Libraries. Singapore：World Scientific，2012：399-407.

馆效率评价方面，Ames（1990）①建议从财务、筹集资金、人力资源和市场营销四个方面，用多个指标来评判博物馆的各个方面。Jennifer Rowley（1999）②通过案例分析了可能影响博物馆顾客体验的一些因素，提出了一种评估总体客户体验的重要方法。Alessia Zorloni（2012）③在理论层面研究了博物馆的价值创造行为，并通过平衡计分卡的方法评估了政策因子对绩效的影响；此外还有一些学者对剧场、体育馆等公共文化设施使用效率进行过评价研究。由于公共文化服务被囊括于公共服务体系之中，西方学者较少有人从整个国家或者区域层面开展公共文化服务的评价研究。

在实践方面，20世纪70年代以来，发达资本主义国家为适应经济社会发展的需要，掀起了以绩效为本的政府绩效评估热潮，并将公共文化服务作为公共服务评估的重要内容。英国作为"新公共管理"运动的先行者，1983年和2002年，先后确立了以BVPI和CPA（分别指最优价值绩效指标和全面绩效评估指标）为主的政府绩效考核体系，并将公共文化服务活动纳入指标体系。美国也较早开展了对公共文化服务的评估工作。1977年，Lancaster等（1977）④提出将图书馆的服务分为公共服务和技术服务两部分来进行评价考核。1993年美国国会通过了《政府绩效与成果法案》（GPRA），再度强化了联邦资助机构对责任和结果的重视。20世纪90年代开始，美国国家科学基金会、美国博物馆和图书馆服务协会、美国国家艺术基金会、美国国家人文基金会等纷纷把图书馆、博物馆等机构的绩效与拨款相关联。观众、节目（包括展览和教育活动）、组织机构能力成为评价的重要指标。

受西方影响，日本、韩国以及中国香港、中国台湾等也先后开始了公共文化服务指标体系构建与绩效评估实践，并取得了一定的成效。在实践过程中，由重

---

① AMES PETER. Breaking new ground: Measuring museums' merits [J]. Museum Management & Curatorship, 1990, 9 (2): 137 – 147.

② ROWLEY J. Measuring total customer experience in museums [J]. International Journal of Contemporary Hospitality Management, 1999 (6): 303 – 308.

③ ZORLONI A. Designing a strategic framework to assess museum activities [J]. International Journal of ARTS Management, 2012, 14 (2): 23 – 29.

④ LANCASTER F W, JONCICH M J. The measurement and evaluation of library services [M]. Washington DC: Information Resources Press, 1977.

视政府行政部门内部评估、国家权力机关评估发展到同时注重社会评估或外部评估，其绩效评估中的民众导向日益彰显。

我国公共文化服务的评估起步较晚。20世纪90年代开始，我国借鉴西方经验，开始对政府的公共服务进行评估，并将评估拓展到文化领域。与国外发达国家和地区相比，我国在公共文化服务的管理体制机制、指标生成、支撑理论等方面存在着较大差异①。在公共文化服务的评价方面，人们一般基于综合指数评价和投入产出绩效的方法对公共文化服务的发展水平进行评估。

（2）公共文化服务发展水平与效率评价。

在公共文化服务的定量评价方面，由于缺乏显性的客观指标对公共文化服务的发展水平进行直接评价（如市场占有率和盈利率等），学者们一般采用综合评价的方法对公共文化服务的发展水平进行评估，或基于数据包络分析对公共文化服务的效率进行评价。

采用综合指数法测度公共文化服务水平能否得出准确、科学的研究结论，关键在于指标体系的构建和评价方法的选择。陈威（2006）②、冷溶（2007）③、毛少莹（2007）④等较早对公共文化服务评估的思路、原理进行了初步分析。沈望舒（2017）⑤选取公共文化服务的内容、社会需求度、文化科技含量、专业技术水平、运营者职业素质、服务功能效益等10项指标来衡量公共文化服务绩效。在公共文化服务体系的评价指标方面，蒋建梅（2008）⑥认为，应重点考量公共文化服务对经济社会发展的反作用、公共文化服务供给的有效性以及公共文化服务的保障性，并从这三个方面构建了公共文化服务的指标体系。尹丹（2008）⑦采用模糊综合评价法，从基础设施体系建设、具体的公共文化活动以及公共文化机构三个方面对兰州地区的公共文化建设进行了评价。上海高校都市文化E-研

---

① 徐清泉. 公共文化服务评估研究：现状、需求及要素[J]. 毛泽东邓小平理论研究，2012（8）：63-68, 121.
② 陈威. 公共文化服务体系研究[M]. 深圳：深圳报业集团出版社，2006：212.
③ 冷溶. 中国公共文化服务发展报告（2007）[M]. 北京：社会科学文献出版社，2007.
④ 毛少莹. 发达国家的公共文化管理与服务[J]. 特区实践与理论，2007（2）：52-53, 70.
⑤ 沈望舒. 十大指标体系考量公共文化服务[N]. 北京日报，2017-06-05（008）.
⑥ 蒋建梅. 政府公共文化服务体系绩效评价研究[J]. 上海行政学院学报，2008（4）：60-65.
⑦ 尹丹. 公共文化建设评估体系构建研究[D]. 兰州：兰州大学硕士学位论文，2008.

究院（2012）① 立足于"文化投入""文化机构""文化活动""文化享受"四个维度对 2011 年全国 31 个省（自治区、直辖市）的公共文化服务指数进行了综合评价。傅利平等（2013）② 从供给、保障、总体效应三个层面构建区域公共文化服务评价指标体系，采用理论分析和德尔菲法筛选指标，根据 AHP 法和 CRITIC 法获得的权重，对北京、天津、上海、重庆四个直辖市的城市公共文化服务进行综合评价。张玉兰等（2014）③ 借鉴蒋建梅（2008）④ 的研究，选取总体指标、供给指标、保障指标三个一级指标，运用因子分析法对河北省 2010～2012 年的 11 个市的公共文化服务体系进行综合评价，并提出完善河北省公共文化服务体系的对策建议。评价显示，在综合指数上广东、江苏、浙江实力较强，在人均指数上，上海、北京、天津排在前列。也有学者利用综合指数法对公共文化服务体系中细分模块的发展水平进行评价。王悦荣（2012）⑤ 选取公共文化服务领域内广播电视、出版发行、群众活动、非遗保护等九大主要领域，构建了包含投入力、效益力等在内的 7 项一级指标和 36 项二级指标体系。王洛忠、李帆（2013）⑥ 从投入（公共文化财政支出占比、人均文化事业费投入、公共图书馆人均购书经费）和产出（万人公共图书馆数量、万人群众艺术馆数量、公共图书馆人均藏书数）两个维度构建基本公共文化服务发展指数指标体系，并采用德尔菲法进行指标赋权，测算了我国 31 个省（自治区、直辖市）基本公共文化服务发展指数情况。郑满生等（2015）⑦ 将公共图书馆、艺术表演团体、艺术馆与文化馆、文化站、大众传媒、公共文化经费投入 6 个模块作为一级指标，每个模块分别选取若干二级指标构建评价指标体系，对山东省 17 地市的公共文化发展

---

① 上海高校都市文化 E - 研究院. 2011 年全国 31 个省市自治区公共文化服务指数蓝皮书 [M]. 北京：商务印书馆，2012：118.
② 傅利平，何勇军，李小静. 城市公共文化服务的综合评价模型 [J]. 统计与决策，2013（16）：39 - 41.
③ 张玉兰，张路瑶，姜振娜. 河北省公共文化服务体系综合评价及提升对策 [J]. 企业经济，2014（5）：162 - 165.
④ 蒋建梅. 政府公共文化服务体系绩效评价研究 [J]. 上海行政学院学报，2008（04）：60 - 65.
⑤ 王悦荣. 公共文化服务能力省际比较 [J]. 广东行政学院学报，2012（1）：32 - 38.
⑥ 王洛忠，李帆. 我国基本公共文化服务：指标体系构建与地区差距测量 [J]. 经济社会体制比较，2013（1）：184 - 195.
⑦ 郑满生，王慧，臧运平. 基于综合指数法的区域公共文化服务体系发展水平测评研究 [J]. 中国农学通报，2015，31（2）：283 - 290.

状况进行分模块测评比较和总体测评比较研究，研究发现山东省17地市公共文化服务总体发展较好，但是在进行分模块比较时，地区间差异较大，说明各地对公共文化服务建设侧重不同。李娟（2015）①借鉴西奥多·H.波伊斯特（Theodore H. Poister）的"投入—过程—产出—效果"模型，通过有效筛选，最终确定了涵盖财政投入、基础设施投入、人资源投入、服务保障、活动产出、公众参与6个维度30个指标的评价体系，评价结果显示，上海、北京、浙江在综合指数上位于全国前列。孔进（2010）②着眼于国家公共文化服务提供能力的评价，从公共文化财政投入、公共文化服务规模、公共文化服务活动三个维度构建了指标体系，通过数据分析，得出政府存在重服务设施供给、轻活动服务供给问题的结论。

数据包络分析（DEA）是根据多指标投入和多指标产出对相同类型的单位或部门进行相对有效性或效益评价的系统分析方法，对公共文化服务评价具有较好的适用性。大量学者采用DEA方法来评估公共文化服务体系的效率，并借助受限因变量（Tobit）模型等多元回归方法进一步探究公共文化服务效率的影响因素与提升路径。谭秀阁、王峰虎（2011）③认为，DEA方法比其他效率评价方法更有优势，并从人、财、物的角度建立了评价指体系，对2003~2011年全国31个地区的情况进行了评价。吴建军等（2013）④以公共文化服务体系建设较为发达的江苏省为例，采用Bootstrap-DEA方法评估公共文化服务体系的生产效率，发现江苏省各市的公共文化服务平均效率相对较低，且地区间的效率水平存在较大差异，土地面积、人均GDP、城市化和教育水平是公共文化服务体系效率变化的主要来源。张启春、范晓琳（2017）⑤利用因子分析、数据包络分析方法对我国31个省（自治区、直辖市）2010~2014年基本公共文化服务绩效水平进行评

---

① 李娟. 公共文化服务水平综合评价与提升路径研究［D］. 天津：天津大学博士学位论文，2015.
② 孔进. 我国政府公共文化服务提供能力研究［J］. 山东社会科学，2010（3）：122-128.
③ 谭秀阁，王峰虎. 基于DEA的我国公共文化投入效率研究［J］. 发展研究，2011，31（2）：90-93.
④ 吴建军，周锦，顾江. 公共文化服务体系效率评价及影响因素研究——以江苏省为例［J］. 东岳论丛，2013（1）：131-136.
⑤ 张启春，范晓琳. 我国基本公共文化服务绩效的评价与实证［J］. 统计与决策，2017（17）：74-77.

估,结果表明,省级政府基本公共文化服务效率总体水平还有待提升,地区间基本公共文化服务效率存在差距。张玉(2014)[①]认为,传统 DEA 方法存在夸大权重的缺陷,因此使用 DEA 交叉评价模型来分析我国政府公共文化投入的效率,发现我国东、中、西部地区公共文化投入效率呈现阶梯性递减的态势。

公共文化服务的公共产品属性决定了政府在其供给过程中承担重要责任。政府对公共文化事业经费的投入是提升地区公共文化服务水平的物质基础,而提高公共文化支出效率则是解决公共文化问题的重要途径。因此,部分学者运用 DEA 方法研究地方公共文化服务的财政支出效率。涂斌、王宋涛(2012)[②]基于 2000~2009 年广东 21 个地级市的面板数据,在 DEA – Tobit 两阶段分析框架下研究地方政府公共文化支出效率,发现财政分权和文化政策等政策变量、人均 GDP、人口密度和居民受教育水平等是造成公共文化支出效率差异的原因。杨林、许敬轩(2013)[③]基于 2000~2010 年中国 31 个省(自治区、直辖市)的面板数据,采用 DEA 和 Tobit 两步法比较地方公共文化服务财政支出效率,并分析了其影响因素,进而提出了提高公共文化服务有效供给的对策。赵佳佳(2014)[④]基于 DEA – Malmquist 方法测算了 2006 年至 2011 年的政府文化事业财政支出绩效。杨林、韩科技(2015)[⑤]以青岛市为样本,运用 DEA 模型测度了公共文化财政支出绩效情况,发现青岛公共文化财政支出综合技术效率小于1,规模效率在 2005 年以后的年份亦小于1,表现为非 DEA 有效,仍有很大提升空间。王银梅、朱耘婵(2015)[⑥]以地方政府公共文化支出效率测度为出发点,利用 2003~2013 年我国 31 个省(自治区、直辖市)公共文化投入产出数据,采用 DEA – Tobit 和

---

① 张玉. 我国地方政府公共文化投入效率研究[J]. 青岛科技大学(社会科学版),2014(1):76-80.

② 涂斌,王宋涛. 地方政府公共文化支出效率及影响因素——基于广东 21 个地级市的实证分析[J]. 经济问题,2012(3):20-23.

③ 杨林,许敬轩. 地方财政公共文化服务支出效率评价与影响因素[J]. 中央财经大学学报,2013(4):9-15.

④ 赵佳佳. 我国文化事业财政支出效率及影响因素[J]. 地方财政研究,2014(8):54-60.

⑤ 杨林,韩科技. 基于 DEA 模型的地方公共文化财政支出绩效评价——以青岛市为例[J]. 经济与管理评论,2015(2):71-76.

⑥ 王银梅,朱耘婵. 基于面板数据的地方政府公共文化支出效率研究[J]. 经济问题,2015(6):40-45.

Malmquist 指数分析相结合的方法,对地方政府公共文化支出效率进行静态和动态评估。实证结果表明,我国地方政府公共文化支出效率总体较低,制度因素对公共文化支出效率具有重要影响。

此外,还有一些学者对公共文化服务绩效进行了定性评价。窦亚南(2007)[1] 通过文献和调查,对大陆、香港、台湾不同的公共文化服务绩效进行了综合比较。相较而言,港台地区在该领域的实践要大大早于大陆,体系更为完善和规范,积累了较丰富的经验,具有一定的借鉴意义。向勇、喻文益(2008)[2] 根据中国文化事业管理的国情和公共文化服务的特性,以及公共文化服务绩效考核将由目前的初级阶段逐步过渡到科学、普及与深入落实阶段的预期,提出了测评公共文化服务绩效的政策建议。朱启友(2010)[3] 提出构建我国公共文化服务体系应以保障文化权益、促进社会和谐、开发文化资源、创新传统文化、推进城乡协调、巩固意识形态为目标。高福安等(2011)[4] 对中国公共文化服务内涵特征、战略意义、存在问题、现有模式、对策建议等问题进行了分析和论证,提出了"一个理论,两个建设,三种关系,四种机制,五点建议"。游祥斌等(2013)[5] 在对H省B市农村公共文化服务的调查中发现,我国农村公共文化服务基础设施建设不足,内容缺乏、效率低下、供需不匹配,提出应建立以需求为导向的公共文化供给机制。于思瑶(2012)[6] 结合国内外的研究成果,系统地分析了我国公共文化服务体系中存在的问题,并给出了相应的对策建议。胡剑、徐茂华(2013)[7] 依据全面发展理论、可持续发展理论以及生活质量理论从

---

[1] 窦亚南. 两岸三地公共文化服务绩效评估综述 [J]. 科技信息:科学·教研,2007(11):135 - 136.

[2] 向勇,喻文益. 公共文化服务绩效评估的模型研究与政策建议 [J]. 现代经济探讨,2008(1):21 - 24.

[3] 朱启友. 试论我国公共文化服务体系建设的六大主要目标 [J]. 晋中学院学报,2010,27(2):44 - 46.

[4] 高福安,刘亮. 国家公共文化服务体系建设现状与对策研究 [J]. 现代传播(中国传媒大学学报),2011(6):7 - 11.

[5] 游祥斌,杨薇,郭昱青. 需求视角下的农村公共文化服务体系建设研究——基于H省B市的调查 [J]. 中国行政管理,2013(7):70 - 75.

[6] 于思瑶. 公共文化服务体系研究综述 [J]. 对外经贸,2012(6):99 - 100.

[7] 胡剑,徐茂华. 公共文化发展的评估指标体系及其构建 [J]. 重庆社会科学,2013(10):17 - 23.

公共文化产业和公共文化事业两个方面构建了我国公共文化发展的评估指标体系。段绪柱（2013）① 提出应从以下三方面来构建指标体系：一是以价值目标作为构建依据和起点，从而保证评价的准确性和客观性；二是合理确定指标数目及权重是评价的关键环节；三是在兼顾普遍性和特殊性相结合的基础上构建一个通用的指标评价体系，为体现公平性在具体应用时可依据实际情况进行动态调整。胡守勇（2014）② 根据对公共文化服务体系功能的分析以及效能评价内涵的理解基础上，从"满足基本文化需求""促进文化产业发展""引领社会生活风尚"以及"培育共有精神家园"四个方面构建公共文化服务指标体系。占绍文、居玲燕（2017）③ 提出功能导向是公共文化服务评价的根本，应从保障公民文化权益、传承传统文化、推动区域文化产业发展三个层面构建指标体系。刘大伟、于树贵（2019）④ 认为公共文化服务绩效评价要努力做到工具理性和价值理性相平衡，实现"政府本位"向"公民本位"转变，"结果导向"向"过程导向"转变，"供给导向"向"获得导向"转变，发挥好"价值—工具"的双重效应。

（3）公共文化服务的均等化研究。

党的十六届六中全会提出"实现城乡公共服务均等化"的目标，党的十七大进一步强调要"完善公共财政体系""建立覆盖全社会的公共文化服务体系"，将人人享有公共文化服务作为促进社会公平正义、让人们共同分享发展成果的重要内容和基本途径。关于公共文化服务均等化问题的研究在学术界也逐步展开，且取得了较为丰硕的研究成果。

公共文化服务均等化是我国基本公共服务均等化的重要组成部分，应遵循社会正义原则、渐进推进原则、差异对待原则、公民选择原则和政府主导原则推进

---

① 段绪柱. 科学构建公共文化服务评价指标体系 [N]. 中国社会科学报, 2013 – 09 – 27 (7).
② 胡守勇. 公共文化服务效能评价指标体系初探 [J]. 中共福建省委党校学报, 2014 (2): 45 – 51.
③ 占绍文, 居玲燕. 基于功能导向的公共文化服务评价体系构建探析 [J]. 广西社会科学, 2017 (2): 193 – 197.
④ 刘大伟, 于树贵. 新时代公共文化服务绩效评价的结构转向 [J]. 江西师范大学学报（哲学社会科学版), 2019, 52 (6): 11 – 18.

(张桂琳,2008)①。实现公共文化服务均等化是以人为本、公正平等理念在公共文化领域的延伸和体现,是矫正市场向弱势群体提供公共文化服务"失灵"的有效手段,是转变政府职能和建设服务型政府的内在要求(陈立旭,2011)②。因此,研究公共文化服务均等化的内涵、现状、影响因素、现实困境和优化路径等,有助于推动实现公共文化服务均等化。

在公共文化服务非均等化的表现上,学者们认为主要表现在城乡之间、区域之间、群体之间。其中,区域间非均等化、城乡非均等化等现象在经济社会发展中越发突出。

在区域间公共文化服务非均等化方面,高伟华(2010)③ 基于2006年的数据,以设施指标和投入指标为考察对象,对全国省区市公共文化服务的情况进行分析,发现北京、天津、上海发展水平远高于全国其他地区。西藏地区因人口较少,得分也较高。王晓洁(2012)④ 选择泰尔指数作为分析公共文化服务均等化的工具,发现1999年和2009年中国东、中、西部地区TI值差距缩小,公共文化服务非均等化水平下降,但各省区市之间TI值波动较大,非均等程度有所提高。王洛忠、李帆(2013)⑤ 也得出类似观点。上海高校都市文化E-研究院(2012)⑥ 的研究显示,我国基本公共文化服务呈现出区域间不均等的特征,东部地区基本公共文化服务不均等化程度要高于中西部地区,研究报告同时指出,不能把一个地区的经济发展水平与该地区的公共文化服务发展水平等同起来。王悦荣(2012)⑦ 的研究结果显示,我国省域公共文化服务能力由强到弱,总体呈现东、西、中分布,广东、山东、河南、河北等省的公共文化服务能力与其经济

---

① 张桂琳. 社会公正与我国公共文化服务的均等化 [C] //21世纪的公共管理:机遇与挑战:第三届国际学术研讨会文集 [J]. 中国澳门,2008:10-21.
② 陈立旭. 推动基本公共文化服务均等化 [J]. 浙江社会科学,2011 (12):4-7.
③ 高伟华. 我国基本公共文化服务的地区差异分析 [J]. 福建行政学院学报,2010 (2):55-60.
④ 王晓洁. 中国基本公共文化服务地区间均等化水平实证分析——基于1999年、2009年数据比较的考察 [J]. 财政研究,2012 (3):26-29.
⑤ 王洛忠,李帆. 我国基本公共文化服务:指标体系构建与地区差距测量 [J]. 经济社会体制比较,2013 (1):184-195.
⑥ 上海高校都市文化E-研究院. 2011年全国31个省市自治区公共文化服务指数蓝皮书 [M]. 北京:商务印书馆,2012:118.
⑦ 王悦荣. 公共文化服务能力省际比较 [J]. 广东行政学院学报,2012 (1):32-38.

强省、大省地位不相称，北京、上海、天津、辽宁等直辖市和省、自治区公共文化服务能力发展不均衡。杨林（2017）① 从公共文化服务的有效供给着手，通过对公共文化服务供需耦合协调度的计算发现全国 31 个省份的耦合情况差别较大，结果显示，江苏、浙江、河南耦合协调度高于 0.5，领先于其他省份。山东、广东次之，其他地区处于失调状态。

除区域间公共文化服务存在非均等化现象外，受城乡二元结构的影响，我国当前的公共文化服务在城乡之间也存在一定的差异。毛雁冰、韩玉等（2015）② 基于描述性统计和面板数据回归，指出我国城乡之间公共文化供给差异显著，在新常态下公共文化服务供给仍有较大提升空间。陈旭佳（2016）③ 选择效果均等作为衡量标准，通过双变量泰尔指数在区域和城乡维度的空间分解，考察中国基本公共文化服务的均等化水平，结果发现：基本公共文化服务总体不均等程度呈逐年上升趋势。虽然政府不断加大对基本公共文化服务的财政安排，但对供给成本存在的区域城乡差异依然考虑不足。于志勇（2012）④，毛雁冰、龙新亚（2017）⑤ 等重点针对农村公共文化服务体系的构建和发展现状进行了调查和探析，发现农村公共文化服务存在供给水平严重不足、分布不均衡、体制建设落后等问题，对破解农村公共文化面临的困境提出了相关政策建议。

同时，学者们还重点针对东中西部地区、民族地区、农村地区以及特定省份对公共文化服务均等化问题进行了考察。张序、方茜（2009）⑥ 从教育、文化、科技、社会保障等 8 个方面构建了民族地区基本公共服务的评价体系，发现民族

---

① 杨林. 结构性改革背景下政府如何有效供给公共文化服务？——基于供需协调视角 [J]. 中央财经大学学报，2017（8）：121 – 128.
② 毛雁冰，韩玉等. 新常态下公共文化服务供给水平的实证分析 [J]. 图书馆论坛，2015（12）：32 – 38.
③ 陈旭佳. 效果均等标准下基本公共文化服务均等化研究 [J]. 当代经济管理，2016（38）：55 – 63.
④ 于志勇. 农村公共文化服务供给研究：基于公共服务均等化的视角 [J]. 云南行政学院学报，2012（4）：112 – 114.
⑤ 毛雁冰，龙新亚. 农村地区公共文化服务供给的影响因素——利用固定效应模型的实证检验 [J]. 图书馆论坛，2017（4）：77 – 83.
⑥ 张序，方茜. 民族地区基本公共服务均等化分析 [J]. 经济体制改革，2009（4）：140 – 143.

地区公共文化服务均等化程度低于全国平均水平。胡税根、宋先龙（2011）① 发现东西部地区公共文化服务供需错配矛盾明显、均等化程度差异较大。靳大娟（2013）② 以重庆市为切入点采用变异系数法，从横向和纵向两个方面对重庆市基本公共文化服务均等化进行研究，发现重庆市基本公共文化服务均等化程度不断提高，但仍处在较低水平，处于均等化的起步阶段。金慧、余启军（2017）③的研究发现，湖北省公共文化服务存在区域间、城乡间、群体间的"供给差异矛盾"，同时还存在供需结构上的"非对称性矛盾"。曾志杰、梁新潮（2017）④ 采用层次分析法（AHP）对福建省九地市公共文化服务支出绩效评价进行研究，结果表明：福建省九地市间公共文化服务水平不平衡，具有较大的差异。李娜（2017）⑤ 利用主成分分析法对山东省17个地市的基本公共文化服务进行横向比较研究，结果显示，山东省基本公共文化服务整体发展水平不错，但是地区间发展水平差距较大。

学者们认为，财政经费投入差异以及财政资金使用效率不高是造成公共文化服务不均等的重要原因。杨永、朱春雷（2008）⑥ 研究发现省域公共文化服务发展受到地方经济基础、政府投入、财政分权等因素影响，在全国范围内存在显著的区域差异、城乡差异以及中部凹陷特征，提出了"财政经费投入均等化是实现公共文化服务均等化的基础"的论断。马海涛、程岚（2009）⑦ 认为，对基本公共文化服务的公共财政支出缺乏有效的监管与评价，财政资金的使用效率不高，造成了基本公共文化服务的区域差别。张楠（2012）⑧ 指出公共文化服务具有"权责的层级性和属地性、供给结果非均衡性特征"，而地方政府财政在均等化

---

① 胡税根，宋先龙. 我国西部地区基本公共文化服务均等化问题研究 [J]. 天津行政学院学报，2011（1）：64-69.
② 靳大娟. 重庆市基本公共文化服务均等化研究 [D]. 重庆：重庆大学硕士学位论文，2013.
③ 金慧，余启军. 湖北省公共文化服务标准化均等化问题研究 [J]. 湖北社会科学，2017，（2）：65-71.
④ 曾志杰，梁新潮. 福建省九地市公共文化服务支出绩效评价——基于AHP的实证研究 [J]. 集美大学学报（哲学社会科学版），2017（1）：53-62.
⑤ 李娜. 山东省十七地市基本公共文化服务发展水平评价 [J]. 统计与管理，2017（9）：54-56.
⑥ 杨永，朱春雷. 公共文化服务均等化三维视角分析 [J]. 理论月刊，2008（9）：150-152.
⑦ 马海涛，程岚. 完善财政政策 促进公共文化服务体系建设 [J]. 中国财政，2009（23）：43-45.
⑧ 张楠. 纵横结构的公共文化服务体系模型建构 [J]. 浙江社会科学，2012（3）：99-106，159.

方面负有主体责任。但遗憾的是，财政资金的投入不都能够有效转化公共文化服务。

在分析公共文化服务非均等化的表现和形成原因的基础上，学者们从财政支持、供给制度等方面提出了促进公共文化服务均等化的政策建议。

曹爱军（2009）[1]指出政府应统筹城乡发展、区域发展，构建共同治理的机制，促进公共文化服务均等化、多元化。还要健全公共财政制度，促使基层政府财权与事权匹配，调动基层政府的积极性。高伟华（2010）[2]提出，中部地区公共文化服务的均等化程度较低，短期内可以加大对该地区的财政投入和财政转移支付，中长期可以通过户籍政策改革，通过人口流动共享公共文化服务，通过制度建设防止"中部坍陷"。上海高校都市文化E-研究院（2012）[3]指出，政府是公共文化服务的主导者，应该强化政府职能、规范公共服务标准，加大公共财政投入，创新公共文化服务供给模式，促进基本公共文化服务均等化。何义珠、李露芳（2013）[4]提出，建立投资多元化、参与全民化的公共文化服务体系、构建以公民需求为导向的公共文化服务供给制度、推动公共文化服务资源共享、建立公共文化服务绩效评估机制等对策和建议。陈旭佳（2016）[5]认为，不能机械地将财政配置平均化与公共文化服务均等化画等号，要着重考察公众享受基本文化公共服务的机会是否均等。卓越（2016）[6]提出，要提高公众的公共文化参与度，完善公共文化绩效评估制度，实现公共文化服务与经济社会的协调发展。

3. 文化产业与公共文化服务协调关系研究

文化产业与公共文化服务的协调发展已经成为现代社会发展的新趋势之一。

---

[1] 曹爱军. 基层公共文化服务均等化：制度变迁与协同 [J]. 天府新论, 2009 (4)：103-108.

[2] 高伟华. 我国基本公共文化服务的地区差异分析 [J]. 福建行政学院学报, 2010 (2)：55-60.

[3] 上海高校都市文化E-研究院.2011年全国31个省市自治区公共文化服务指数蓝皮书 [M]. 北京：商务印书馆, 2012：118.

[4] 何义珠, 李露芳. 公民参与视角下的城乡公共文化服务均等化研究 [J]. 图书馆杂志, 2013, 32 (6)：17-20, 43.

[5] 陈旭佳. 效果均等标准下基本公共文化服务均等化研究 [J]. 当代经济管理, 2016 (38)：55-63.

[6] 卓越. 省级公共文化服务水平指标体系构建与实证研究 [D]. 杭州：浙江大学硕士学位论文, 2016.

基于文化产业与公共文化服务之间的相互关系以及两者在文化建设中的重要作用，推动文化产业与公共文化服务协同发展具有重要意义。国内学者主要从以下两个维度对该问题展开研究：一是从微观主体层面分析图书馆、博物馆等公共文化服务机构的产业化经营问题；二是从宏观产业层面分析文化产业与公共文化服务融合发展的理论基础、实现路径等。

（1）微观层面公共文化服务机构的产业化经营。

学界对于文化产业与公共文化服务协调发展的研究有着特定的时代背景。

2000年，《中共中央关于制定国民经济和社会发展第十个五年计划的建议》提出要"完善文化产业政策，加强文化市场建设和管理，推动有关文化产业发展"。此后，鼓励文化产业发展的一系列文件相继出台。在此背景下，部分学者就公共文化服务机构的产业化经营问题展开了相关研究。

在公共图书馆的产业化问题上，学术界就公共图书馆是否可以产业化的问题产生了分歧。大多数学者认为，公共图书馆发展文化产业不仅可以推动公共图书馆现有体制的改革，而且将促进图书馆事业的发展。张利民、张金路（2001）① 针对当前流行的图书馆应实行产业化经营的观点及在管理实践中的走向，提出图书馆必须坚守公益文化的阵地，通过体制改革求发展。潘妙辉（2003）② 认为，长期以来国有资本在文化领域处于垄断或支配地位，由于资本布局过宽，结构不合理，使得图书馆、博物馆文物和教育等文化建设基础设施投入不足，发展文化产业的政策将使这些行业和部门获得了新的机遇。李迎春（2012）③ 通过对图书馆事业和文化产业的概念探讨、图书馆事业产业化的背景以及文化产业的发展现状的论述，阐释了图书馆事业对文化产业发展的推动作用，以及文化产业发展对图书馆事业的反哺作用。曹远方（2014）④ 通过构建公共图书馆小剧场模式的文化产业模型，阐释了小剧场模式的文化产业的特点，并通过对图书馆文化产业化的市场分析以及SWOT分析，验证了图书馆文化产业化

---

① 张利民，张金路. 图书馆在文化产业中的定位 [J]. 图书馆建设，2001（S1）：16-17.
② 潘妙辉. 文化产业的发展与图书馆事业的发展机遇及定位 [J]. 图书馆学研究，2003（10）：17-20.
③ 李迎春. 论图书馆事业与文化产业的协同发展 [J]. 新世纪图书馆，2012（7）：70-73.
④ 曹远方. 公共图书馆文化产业化发展研究——以小剧场模式为例 [J]. 农业图书情报学刊，2014，26（12）：115-117.

的可行性。

2016年，国务院《关于推动文化文物单位文化创意产品开发的若干意见》的出台，使得公共图书馆发展文创产业成为一种趋势。范丽娟（2012）① 从图书馆为文化创意产业打造生态环境、提供专业服务、扶持地方特色产业和传承文化创意产品四个方面，探讨了图书馆与文化创意产业整合发展的策略。万真真（2018）② 阐述了文化创意开发与公共图书馆服务转型之间的关系，分析了文化创意产业及产品开发对公共图书馆服务转型的影响，以期为公共图书馆的服务转型提供借鉴。丁潇萌（2018）③ 认为，在当前"互联网+"盛行的时代环境下，互联网模式的介入为图书馆文创产品的研发、推广和营销带来了巨大商机，同时也是推动图书馆事业发展、传播图书馆文化、塑造宣传公共图书馆新形象的良好契机。王毅、柯平（2018）④ 采取网络调研分析法，以国外十个代表性公共图书馆文创产品网络商店为研究对象，对其所包含的全部文创产品依次浏览、分析、查阅、记录，从产品物质载体和文化创意内容的角度分析国外公共图书馆文创产品类别，进而提出了适合我国公共图书馆的文创产品开发思路。

在博物馆文化产业的发展及其文化创意产品的开发方面，王际欧（2006）⑤ 从博物馆文化产业的基本出发点、结构特征、开发战略和项目运作以及应该注意的"误区"等方面进行了分析和探讨。邢致远（2014）⑥ 融合博物馆学理论和文化创意产业理论，探讨博物馆文化创意产业的特征、主要类型与产品、存在的问题及对策等，为博物馆文化创意产业发展提供借鉴和参考。赵冬菊（2009）⑦ 结合博物馆的发展现状，认为可大力开发博物馆文物陈列品、文物复制品、旅游纪念品以及各种附属设施产品，通过产业化经营促进公共文化服务的可持续发展。

---

① 范丽娟. 文化创意产业呼唤图书馆服务创意 [J]. 图书馆工作与研究, 2012 (6): 20-22.
② 万真真. 公共图书馆文化创意产品开发与服务转型的关系探究 [J]. 河南图书馆学刊, 2018 (7): 17-18, 38.
③ 丁潇萌. 互联网+环境下图书馆文化创意产业发展研究 [J]. 智库时代, 2018, 167 (51): 97-98.
④ 王毅, 柯平. 公共图书馆文化创意产品开发类别调研与分析 [J]. 图书情报工作, 2018, 62 (3): 21-32.
⑤ 王际欧. 浅析博物馆文化产业的特征、结构与开发策略 [J]. 中国博物馆, 2006 (3): 86-92.
⑥ 邢致远. 博物馆文化创意产业模式与产品研究 [J]. 艺术百家, 2014, 30 (S1): 30-34.
⑦ 赵冬菊. 博物馆改革与文化产业发展研究 [J]. 重庆三峡学院学报, 2009 (6): 113-116.

吕菊萍（2016）① 以沈阳张氏帅府博物馆为例研究博物馆文化创意产品开发设计策略，通过分析和总结全球知名博物馆文化创意产品开发的相关经验和理论，探究适合沈阳张氏帅府博物馆文化创意产品的开发设计策略，指导设计开发系列张氏帅府文化创意产品，以此充分挖掘和传达张氏帅府所蕴藏的文化价值。

（2）宏观层面文化产业与公共文化服务的协调发展。

2015年，中共中央办公厅、国务院办公厅印发的《关于加快构建现代公共文化服务体系的意见》中，明确提出了"鼓励和引导社会力量参与公共文化服务"的发展思路。

一些学者从产业层面对文化产业与公共文化服务协调发展的内在逻辑、重要意义、现实困境、推进路径等进行了深入研究。文化创意产业属于新兴产业，基本公共文化服务体系的建设属于新时期的新任务。两者虽然属于不同领域，但却存在一定的共性和联系，将两者结合起来，建立共促发展的互融机制，对于促进社会发展、加快实现经济结构转型升级具有重要意义（黄文学、连红军，2016）②。刘先进（2018）③ 分析了公共文化服务与文化产业的融合关键点。李炎（2018）④ 认为，文化生产要受到社会规制和资本规制的双重制约，这也导致了公共文化服务与文化产业在性质和社会功能上的分野，最终形成两者在市场、生产和分配领域的区隔。政府应该破除落后的文化治理的体制机制，采取措施打破这种区隔，维护各类文化生产主体的权益，并通过大力发展现代信息技术促进公共文化服务体系与文化产业互动与融合。胡守勇（2017）⑤ 从演化渊源、功能定位、动力机制和现实条件等方面分析了公共文化与文化产业融合发展的内在逻辑，但两者融合过程中面临传统文化事业体制思维惯性、文化管理体制改革不到位、社会力量参与不足、融合发展的机制构建阙如等困境，应从强化体系化的国

---

① 吕菊萍. 博物馆文化创意产品开发设计策略研究 [D]. 沈阳：沈阳航空航天大学硕士学位论文，2016.

② 黄文学，连红军. 文化创意产业与公共文化服务体系互融发展 [J]. 人民论坛，2016（14）：181–183.

③ 刘先进. 公共文化服务与文化产业的融合关键点 [J]. 人民论坛，2018（23）：130–131.

④ 李炎. 公共文化与文化产业互动的区隔与融合 [J]. 学术论坛，2018，（1）：141–146.

⑤ 胡守勇. 公共文化与文化产业融合发展：内在逻辑、现实困境与推进路径 [J]. 图书馆，2017（10）：35–41.

家文化治理新理念、推进文化领域供给侧结构性改革、筑牢以县域为基本单元的融合载体、提升促进融合发展的科技支撑能力等方面整体发力,推进两者融合发展。郝雯雯(2019)① 指出,文化创意产业与公共文化服务体系的互融发展要以民生为基础,将文化创意产业的创新发展与基本公共文化体系的建设规划结合起来,要注重融合模式,建立文化特色,加大政府的支持力度。唐月民等(2019)② 指出,公共文化服务作用于文化产业存在着两种路径。一是直接从事文化产业经营,二是吸引文化产业部门直接进入公共文化服务领域。文化产业作用于公共文化服务的第一种方式为"免费"提供公共文化服务产品,第二种方式是通过政府直接或者间接购买的形式来实现。

也有少量学者对公共文化服务与文化产业的协调发展进行了定量分析。许立勇、王瑞雪(2014)③ 基于北京城市功能拓展区的数据,构建了"公共文化服务力与文化产业力二力"模型,研究了公共文化服务力与文化产业力的匹配关系,提出了城市功能拓展区各区公共文化服务与文化产业发展的路径建议。周恩毅等(2018)④ 基于各省份2012~2016年数据分析公共文化服务供给对文化产业发展的影响,结果表明,公共文化服务供给可以通过人力投入、资金投入、基础设施投入、公共文化服务活动及产品投入对文化产业增加值产生一定的影响,资金投入及基础设施投入作用效果最为明显,且在不同的经济环境下,公共文化服务不同的要素投入对文化产业发展有不同的影响。占绍文、陈小彤(2018)⑤ 基于2011~2015年陕西省十大地级市的数据,采用固定效应模型,验证了公共文化服务供给对文化产业发展具有正向作用。

---

① 郝雯雯. 文化创意产业与公共文化服务体系互融发展探析[J]. 新西部,2019(9):60-61.
② 唐月民,成卓. 公共文化服务与文化产业融合发展路径探析——以山东省为例[J]. 文化产业研究,2019(2):112-122.
③ 许立勇,王瑞雪. 公共文化服务与文化产业匹配分析——基于北京城市功能拓展区的研究[J]. 国际文化管理,2014(12):132-140.
④ 周恩毅,党睿涛,陈小彤. 公共文化服务供给对文化产业发展的影响研究——基于各省份2012~2016年数据的分析[J]. 长白学刊,2018(5):156-162.
⑤ 占绍文,陈小彤. 公共文化服务供给对文化产业发展影响的实证分析——基于陕西省十大地级市数据的分析[J]. 四川戏剧,2018(3):151-156.

4. 文献述评

近年来，国内外学者关于文化产业与公共文化服务发展水平与效率评价、两者协调发展等问题进行了理论分析与实证研究。国外学者在文化产业和公共文化服务相关领域的研究起步较早，提出了基础的理论，并较早进行了实践方面的探索，相关成果为后人的研究奠定了基础，提供了思路。国内学者对前人的理论研究做了丰富和完善，并且更偏重于定量的评价研究。学者们普遍认同文化产业与公共文化服务发展的重要意义，认为文化产业与公共文化服务的发展水平受到资金投入、规模因素、资源因素的影响，一个国家或地区要在经济和文化竞争中处于优势地位，发展好文化产业与公共文化服务至关重要。

（1）文化产业发展评价研究述评。

在对文化产业的发展情况进行评价方面，学者们依据钻石理论模型、现实与潜在竞争力、文化产业运行过程和环境等构建了文化产业的指标体系，对文化产业发展情况进行综合评价，取得了较多的研究成果，发现文化产业存在着区域之间发展不平衡的现象。

从总体上看，关于文化产业发展评价测评指标体系的研究目前已经相对比较全面，但也存在以下不足：首先，在指标设计上多而全但代表性不够的情况，部分指标的数据来源不明确、不权威，影响了评价结果的客观性；其次，随着文化产业的发展，互联网技术的发展，文化产业与信息技术、文化产业与高等教育、文化产业与科技的融合成为测评的重点因素，在设置指标体系上应该予以充分考虑；最后，在文化产业评价指标的选取上，还存在着文化产业与公共文化服务的指标区分度不高，指标混淆的情况。

（2）公共文化服务发展评价研究述评。

从公共文化服务的相关研究来看，由于公共文化服务是具有中国国情的理念，国外没有此提法，因此，相关研究主要集中在国内。国外的研究主要是针对政府的公共服务及公共文化机构的绩效评价展开的。国内对于公共文化服务的基础理论研究比较全面系统，在公共文化服务的评价研究方面，许多学者们基于综合指数法和数据包网络分析法对公共文化服务的发展水平进行了评价，研究发现公共文化服务存在较大的区域差异，这些研究为本书提供了有益的参考，但是也同样存在着指标体系不全面,数据来源缺乏权威性的问题,因此,公共文化服务的相关研究还有待进一步完善。

(3) 文化产业与公共文化服务协调发展的相关研究述评。

从目前的研究成果看,对文化产业与公共文化服务的关联性研究较少,研究还不成体系,未体现出对文化产业与公共文化服务协调发展的整体把握,在协调基础、动力、路径、影响因素以及耦合协调度的实证分析方面还有很大的研究空间。对两者之者的协调关系、协调程度缺少系统与深入的剖析,特别是缺乏从经济学、管理学视角进行的分析,有待进一步发展与完善。

在研究方法上,部分学者分析了文化产业与公共文化服务的协调发展关系,利用矛盾运动理论、共生理论、产业关联理论对两者的关系进行了论述,但这些研究大多停留在对产业发展基本状况的简单描述和定性分析上,缺少数据的支撑与定量分析,也缺少横向或者纵向的比较。只有借助于多种研究方法,研究文化产业与公共文化服务的空间分异、耦合协调,才能全面透彻地分析出两者协调发展中存在的问题,为理论研究和有关部门决策提供丰富的论据与材料。

在对策研究上,对文化产业与公共文化服务协调发展的对策研究还有待于进一步深化。区域文化产业与公共文化服务协调发展,是一项复杂的系统工程,从宏观上看,是政策法律资源上的协调,从中观上看,是文化企业与公共文化服务机构之间的协调,从微观上看是人才、信息、资本、技术、物质间的协调,涉及方方面面。目前,国内关于文化产业与公共文化服务协调研究的成果很少,而现有的相关文献所提对策针对性不强,理论研究和实践研究不够深入,对于解决国内文化产业与公共文化服务协调发展的问题实用性不强。只有系统化、全方位、多角度地论证两者的协调关系,分析其协调机制,才能提出切实可行的解决方案,从而真正实现促进区域经济社会发展,繁荣社会主义文化事业的目标。

四、研究内容与思路方法

1. 研究内容

本书拟从以下方面研究文化产业与公共文化服务的协调发展问题：

（1）理论基础分析与相关概念解析。

主要涉及的理论有新公共管理理论、公共产品理论、文化生产理论、外部性理论。相关概念主要涉及文化产业、公共文化服务、协调发展，拟在对相关概念界定的基础上，分析不同概念间的逻辑关系。

（2）文化产业与公共文化服务发展耦合机理分析。

一是对文化产业和公共文化服务的发展历程、发展现状进行梳理；二是分析文化产业与公共文化服务协调发展基础条件；三是分析文化产业与公共文化服务相互作用的协同机理，构建出文化产业与公共文化服务协调发展的路线图；四是分析影响文化产业与公共文化服务协调发展的因素。

（3）区域文化产业与公共文化服务综合指数计量。

选取31个省（自治区、直辖市）文化产业与公共文化服务的发展数据，构建文化产业与公共文化服务发展的综合指标体系，采用面板数据（2008~2017年）对各省份文化产业与公共文化服务的发展情况进行计算与综合分析。

（4）基于重心模型考察文化产业与公共文化服务的重心移动情况。

基于重心模型计算2008~2017年文化产业与公共文化服务发展重心的位移情况下，得出文化产业与公共文化服务发展重心的偏离情况，对两者的偏离情况（距离和角度）进行分析。

（5）基于耦合模型考察文化产业与公共文化服务的耦合协调情况。

利用耦合模型、耦合度计算公式计算文化产业与公共文化服务在2008~2017年的耦合度。以文化产业与公共文化服务发展综合指数以及协调度为基础，对2008年、2017年全国31个省（自治区、直辖市）文化产业与公共文化服务的耦合协调度进行聚类分析。根据聚类分析情况，探讨文化产业与公共文化服务耦合的类型、层次、影响因素。

(6) 实证分析文化产业与公共文化服务子指数的相互影响关系。

利用综合指数及其系统层各指数面板数据，建立计量模型，分别对目标层指数与另一目标层指数所包含子指数进行回归分析，更精确地描述两项指数之间相互影响关系。

(7) 提出促进文化产业与公共文化服务协调发展的对策和建议。

根据31个省（自治区、直辖市）文化产业与公共文化服务的综合指数情况、重心迁移情况、耦合协调情况以及子指数间的回归关系，提出促进文化产业与公共文化服务协调发展的政策建议。

2. 研究思路方法

(1) 研究思路。

在参考已有文献的基础上，本书以新公共管理理论、公共产品理论、马克思主义文化生产理论、外部性理论为基础，以提出问题、分析问题、解决问题为路线，采用综合指数法、层次分析法，结合信息时代的科技文化背景，构建文化产业与公共文化服务发展的综合评价体系，并对31个省（自治区、直辖市）的文化产业与公共文化服务的各项指标进行测评，奠定了本书定量分析的基础。在定量分析过程中，首先，通过建立31个省（自治区、直辖市）的经纬度坐标系，对各文化产业竞争力指数与公共文化服务发展重心移动情况进行分析；其次，采用耦合度模型对两指数协调度、综合协调度以及协调发展度进行分析；再次，运用回归分析法，对文化产业与公共文化服务的子指数进行回归回析，探寻两者间的相互关系；最后，本书基于宏观上的重心迁移情况、中观上的省域耦合协调情况、微观上的子指数相互影响情况文化产业与公共文化服务的协调发展提出对策建议。根据研究思路绘制逻辑框架和技术路线，如图1-1所示。

(2) 研究方法。

文献调研法。利用图书馆的图书期刊资源与电子文献资源，以文化产业、文化产业发展指数、公共文化服务、公共文化服务体系、公共文化服务评价、重心迁移、协调发展、耦合机制等为关键词进行检索，并对检索到的相关文献按照主题进行分类整理。

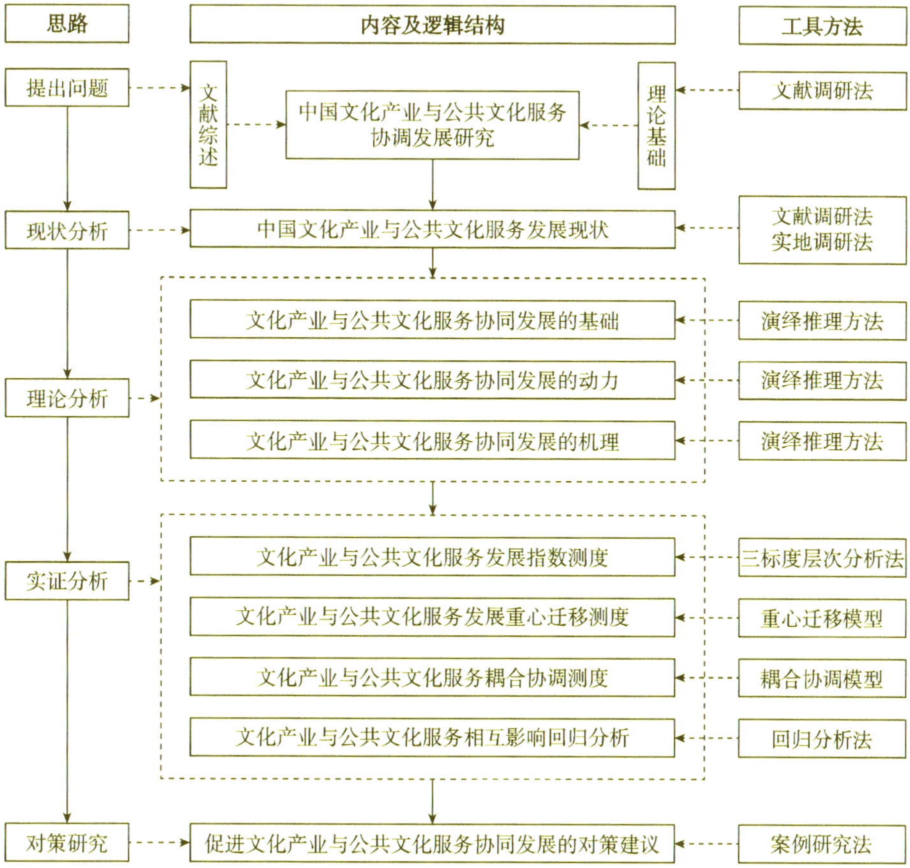

```
思路                  内容及逻辑结构                      工具方法

提出问题 ----> 文献综述 -- 中国文化产业与公共文化服务 -- 理论基础 ----> 文献调研法
                        协调发展研究

现状分析 ----> 中国文化产业与公共文化服务发展现状 ----> 文献调研法
                                                       实地调研法

           ┌─ 文化产业与公共文化服务协同发展的基础 ────> 演绎推理方法
理论分析 ──┤  文化产业与公共文化服务协同发展的动力 ────> 演绎推理方法
           └─ 文化产业与公共文化服务协同发展的机理 ────> 演绎推理方法

           ┌─ 文化产业与公共文化服务发展指数测度 ─────> 三标度层次分析法
实证分析 ──┤  文化产业与公共文化服务发展重心迁移测度 ──> 重心迁移模型
           │  文化产业与公共文化服务耦合协调测度 ─────> 耦合协调模型
           └─ 文化产业与公共文化服务相互影响回归分析 ──> 回归分析法

对策研究 ----> 促进文化产业与公共文化服务协同发展的对策建议 ----> 案例研究法
```

图1-1 研究思路框架与技术路线

实地调研法。对文化企业、文化产业园区、文化艺术学校、博物馆、图书馆、文化馆、群众文化机构等进行实地调研，走访行业专家，了解专家的看法和意见，为论文写作提供思路。对文化产业与公共文化耦合协调的情况进行实地调查，收集相关数据和资料，为研究工作提供支撑。

定量分析法。通过综合指数法、三标度层次分析法等多种方法进行指标体系权重分析及综合评价计算，建立文化产业发展水平和公共文化服务发展水平测度模型；采用重心迁移的方法，测算文化产业与公共文化服务近10年来重心偏离情况。引入物理学耦合理论方法，测度区域文化产业与公共文化服务发展的耦合程度，通过聚类分析法，进行数据整理和分析，通过回归分析法，文化产业与公共文化服务指标体系中子指数的相互关系。

综合分析法。文化产业属于一种经济业态，公共文化服务属于公共管理范畴。为了能够更好地体现文化产业与公共文化服务的互动关系，本书综合运用经济学、管理学、马克思主义哲学原理的理论对文化事业、文化产业、公共文化服务的内涵以及相互间的逻辑关系进行定性分析。对文化产业与公共文化服务协调发展的基础、动力、影响机制等进行综合分析。通过数据对比、区域比较、案例分析，分析文化产业与公共文化服务之间的协调发展情况，划分区域差异的类型，分析时空分异现象出现的原因，提出对策建议。

五、主要创新点

在理论方面，本书综合运用新公共管理理论、公共产品理论、文化生产相关理论、外部性理论构建了文化产业与公共文化服务的协调发展的理论框架，并对两者的协调发展的基础、动力、路径、影响因素等进行了理论分析，丰富了相关研究。

在内容方面，目前学术界对文化产业与旅游业、信息产业、科学技术融合发展的研究较多，成果日渐丰硕。在文化产业与公共文化服务协调发展这一领域，相关成果还比较少。本书着眼于文化产业与公共文化服务的协调发展，梳理了我国文化产业与公共文化服务的发展历程，分析了文化产业与公共文化服务发展的协同机理，并基于2008～2017年的宏观数据，测度了文化产业与公共文化服务协调发展的时空分异情况，提出了促进我国文化产业与公共文化服务协调发展的对策，具有一定的创新性。

在研究方法方面，在已有的研究成果中，对文化产业与公共文化服务协调发展定性分析的多，定量研究的少。本书基于综合指数法构建了文化产业与公共文化服务发展综合指标体系，并基于2008～2017年的面板数据运用重心偏移和耦合协调两个模型对文化产业与公共文化服务协调发展的情况进行了测度，最后进行了回归分析，可为后续研究提供方法上的参考。

第二章 理论基础与相关概念界定

一、理论基础

1. 新公共管理理论

(1) 理论概述。

新公共管理理论是一个比较松散的概念,因为流派众多,并没有形成统一的定义。

20世纪80年代,面对着经济全球化、新技术革命、政府财政赤字的挑战,西方一些国家政府管理相继出现严重危机。传统意义上的"大政府"的管理模式已经不能适应迅速变化的社会需求,时代呼唤着政府公共行政管理模式的变革。为了应对挑战,英美两国开展的"政府再造运动"(Reinventing Government),一场以企业的管理模式为学习目标,以顾客需求为目的导向、市场调节为配置手段、绩效评估为考核理念的政府公共行政改革运动拉开了帷幕。

在理论界,关于新公共管理理论的研究也在如火如荼地开展。依托于公共选择理论、新制度经济学理论和私营企业的管理理论与方法,克里斯托夫·胡德(Christopher Hood)提出的"网络—团体"理论,戴维·奥斯本(David Osborne)的企业家政府理论,麦克尔·巴泽雷(Michael Barzelay)提出的以顾客

中国文化产业与公共文化服务协调发展研究

为中心破除官僚制政府的观点都对新公共管理理论的发展做出了重大贡献。他们所提出的理论可以看作是经济学和企业管理理论在公共行政领域的综合应用。

新公共管理理论的基本思想可以概括为以下几个方面：

在职能方面，政府主要是负责制定政策而不是执行政策，主要是"掌舵"而不是"划桨"。

在角色方面，政府应该像企业家一样对"顾客"负起责任，满足顾客的需求，提供服务，应对不断变化的社会需求。

在管理手段方面，政府应学习和借鉴现代企业的管理方法、管理经验，在人事管理、成本管理、质量管理方面进行全方位的改革，提升政府的效率。

在公共服务方面，新公共管理理论强调政府管理应该从某些垄断性的部门退出来，给社会力量更多的参与机会，通过引进竞争主体，提高公共服务的效能。

在考核方面，政府应该明确考核的目标，细化考核体系，注重考核结果的应用。特别是要重视对公共服务的效率、效果和质量等进行考核。

英国是新公共管理的开先河者。1979年撒切尔内阁为了减少政府预算赤字，提高政府效率，开始了新公共管理改革。在运动的第一阶段，撒切尔内阁提出了经济（Economy）、效率（Efficiency）和效益（Effectiveness）的"3E"标准，作为衡量行政管理和公共服务的最终尺度；新公共管理运动的第二阶段是公共服务私有化阶段，政府大幅缩小所承担公共服务的具体范围；第三阶段是公共服务代理化阶段，政府相关决策部门只负责公共服务政策制定，其余工作由代理完成；第四阶段是建立公共部门和私人部门的伙伴关系。

（2）理论应用。

新公共管理思想是20世纪70年代西方国家政治、经济和科学技术发展到特定条件下的产物，代表了公共管理的发展趋势，它在西方各国的运用，改善了各国的公共管理水平，引入了新公共管理思想，对我国的文化体制改革也具有一定的借鉴意义。

一是能为我国文化产业的发展提供思路。新公共管理的一些理论和方法对于解决我国国有文化企业政企不分、政资不分、产权模糊等历史遗留问题，具有重要的意义。2018年，我国财政部代表国务院履行出资人职责的中央文化企业全部改制为按照《中华人民共和国公司法》登记的有限责任公司，这是国有文化企业管理体制的重大变革。国有文化企业改革，就是要加快构建有文化特色的现代企业制度，在坚持把社会效益放在首位的前提下，理清政企关系，引入绩效管理，建立以客户需求为中心的文化产品生产机制，形成有效制衡的公司法人治理结构和灵活高效的市场化经营机制，推动企业做强做优做大。

二是有利于推进公共文化部门体制改革和职能转换。长期以来，我国的公共文化机构属于政府直管的文化事业单位，进人依靠编制，财政依靠拨款，在公共文化服务领域处于垄断地位，从事公共文化服务的积极性不高，效率低下。进入新时代，在新公共管理理论指导下，政府应在文化领域推进管办分离，由办文化向管文化转变。同时，以满足公众文化需求为突破口，引入市场机制，积极推动公共文化机构职能转变。强化绩效考核，以绩效核定拨款，减轻财政负担。引入竞争机制，开放公共文化服务的领域，建立多元参与的公共文化服务机制。

2. 公共产品理论

（1）理论概述。

公共产品理论是新政治经济学的一项基本理论，也是正确处理政府与市场关系、政府职能转变、构建公共财政收支、公共服务市场化的基础理论。公共产品（Public Goods）一词最早在1919年由瑞典经济学家林达尔（Erik Robert Lindahl）正式使用。保罗·萨缪尔森（Paul A. Samuelson）在1954年、1955年发表了两篇关于公共物品的短文，深化了学术界对于"公共产品"的认识。萨缪尔森认为，公共产品必须是能保障集团中所有成员均等消费的商品，如果集团中的任何一个成员可以得到一个单位，那么该集团中的每一个其他成员也必须可以得到一个单位。根据萨缪尔森的理论，公共产品的一个重要性质是共同消费，这一性质实际上就是马斯格雷夫（Musgrave）所谓的非竞争性。马斯格雷夫提出公共产品除了具有消费上的非竞争性，还往往具有消费上的非排他性。马斯格雷夫还进一步指出，由于非竞争性和非排他性的存在，通过市场无法实现公共产品的有效率配置，因而有需要由公共部门来提供公共产品①。

美国经济学家乔治·恩德勒（Georges Enderle）从经济伦理的角度提出"可

---

① 钟晓敏. 公共财政之路：浙江的实践与探索[M]. 杭州：浙江大学出版社，2008：22.

更广义地理解公共物品",为此,恩德勒提出可以用"非排斥"与"非敌对"两条原则来定义公共物品。非排斥原则,指在一定范围内,无论是从技术的角度、效率的角度还是从法律和伦理的角度,消费该产品不排斥其他人消费。非敌对原则是指在不止一个消费者对这一产品感兴趣的前提下,某个消费者与其他消费者的关系缺乏敌对性或竞争性①。恩德勒的阐述,无疑是对萨缪尔森关于公共产品理论的深化和发展,使人们能够更加全面、清晰和深刻地从技术、效率、伦理等原因来分析公共产品的内涵与外延,有助于人们更好地理解公共产品和公共经济。"公共产品"是指为了满足与社会、个人都有利益关系的公众需求,国家运用权力保障社会每个人最基本福祉,其从事的职责活动所产生的结果、形成的物质形态。简言之,公共产品是具有消费的非排他性和非竞争性等特征的产品。

在公共产品和私人产品之间的"中间地带",还存在着"准公共产品"。"准公共产品",兼具公共产品或私人产品的属性,可以看成是一种"混合产品",准公共产品不同时具有非竞争性和非排他性,也不能同时具有竞争性和排他性,其涵盖的范围要比纯公共产品更加广泛。

(2) 理论应用。

公共产品不仅包括物质产品,同时还包括各种精神产品。不仅包括公共文化产品,还包括准公共文化产品。

一般来说,在文化产品中,纯公共产品的范围是比较狭小的,但准公共产品的范围较宽。纯公共产品可以包括公共艺术产品(雕塑)、公共电视、公共广播节目等。这些纯公共产品一般由政府出资提供,具有非竞争性与非排他性。非竞争性是指边际成本为零,即每增加一个消费者对供给者带来的边际成本的增加微不足道。每个消费者的消费都不影响其他消费者的消费数量和质量。非排他性是指任何人都不能独占专有,不能阻止其他人共享。更多的公共文化产品是以准公共产品的形式出现的。公共图书馆、博物馆等向公众免费开放,但是受制于场地的限制,为避免拥挤的出现,有些场馆对参观人数做了限定,这就出现了竞争性。还有一些文化产品将知识产权引入作品中,或者通过"访问限制"等方式,

---

① [美] 乔治·恩德勒(Georges Enderle),高国希. 面向行动的经济伦理学[M]. 上海:上海社会科学院出版社,2002:426.

通过收费等市场手段使相关商品或服务仅为部分人享有。而这就需要商业模式的介入，也因此出现了排他性，自然就不是公共产品了，但是它们是准公共产品。

就生产方式而言，文化公共产品生产和供给的方式有三种：公共生产、私人生产、混合生产。三种生产方式中，前两种采用的是公共提供方式，第三种采用的是混合提供方式，这两者的区别就在于由谁来付款。公共提供方式，其结果是生产公共产品的费用完全由政府负担，亦即财政拨款。混合提供的方式，则其生产成本将由政府和受益的企业或个人共同分担。公共领域对于文化艺术的投入需要长期讨论，并分门别类对待。

从"公共利益"角度出发，应该给予文化公共产品的生产更多的"公共支持"。但有时艺术依赖于更加"私人化"的创造，如果公共层面介入过多，会导致创造力不足和供给效率的低下。因而混合生产、混合供给正在成为政府提供公共文化服务的新方向。

3. 文化生产理论

（1）理论概述。

虽然在马克思、恩格斯的著作中，很少使用"文化"这个概念，更多地使用与我们现在所理解的"文化"概念较接近的"精神""文明""上层建筑"等概念。但他们阐述了文化的本质是"人的本质对象化"和"自然的人化"。充分肯定物质生产和经济基础对文化的决定和制约作用的同时，一直没有忽视文化的相对独立性和反作用。

马克思指出，人类社会的生产有两种基本形式：物质生产和精神（文化）生产。所谓物质生产，是指物质资料的生产，也即人生存发展所需的生活物质资料的生产[1]。所谓精神生产，是思想、观念、意识的生产，"表现在某一民族的政治、法律、道德、宗教、形而上学的语言中的精神生产"及"科学或艺术的生产"[2]。马克思认为精神生产的主体是处于一定的生产关系中的从事实践活动的人。精神文化生产受制于物质生产，精神的生产只不过是生产的一种特殊方

---

[1] 荣跃明. 文化生产论纲 [D]. 上海：复旦大学博士学位论文，2009.
[2] 马克思，恩格斯. 马克思恩格斯选集，[M]. 北京：人民出版社，1995：72.

式，有与物质生产相同的特点，也有不同于物质生产的特殊性质和规律。马克思主张精神生产是人特有的生命活动和存在方式，是人的"真正的生产"。马克思指出了精神生产的阶级性，并把精神生产分为意识形态的生产和自由精神的生产，强调统治阶级作为精神生产的绝对主体，其思想占据着社会的统治地位①。

1947年，法兰克福学派的霍克海默与阿多诺运用马克思主义的研究方法提出了文化工业的概念。在他们的论文《文化工业：作为大众欺骗的启蒙》中，霍克海默与阿多诺对资本主义世界存在的"文化工业"现象进行了批判。从文章内容看，霍克海默与阿多诺不仅指出了"文化工业"生产方式的弊端，还对晚期资本主义商业文化体系进行了深刻的批判。霍克海默与阿多诺认为，在资本主义文化工业的垄断下，大众文化被异化成为一种文化与娱乐的混合物，形式统一、标准一致，最终发展成为一种操纵与控制大众的"文化程序"②。文章还分析了报纸、期刊、广播、电影和电视作为工业化的文化生产，是如何影响和操纵社会大众的观念、情感和审美趣味的。霍克海默和阿多诺认为，"文化工业"是资本对文化大举扩张的结果，是现代科技的产物，文化服务于资本，从根本上泯灭了人的个性；文化工业使艺术堕落为商品，使艺术文化演变成一种物化的文化，这种演变剥夺了艺术本应具有的独立性和批判功能。"文化工业"具有消费性、商业性、操纵性特质。总体上看，霍克海默和阿多诺的文化工业理论关注点不在于文化的具体生产方式，而是主要集中在文化商品的大众消费所带来的文化和社会的负面影响，更多地看到了文化和工业或者产业不相容的一面，或两者结合的消极方面，忽视了受众的积极性。

（2）理论应用。

文化生产是内容生产，文化内容属于精神产品，具有意识形态的属性。在社会主义中国，发展文化产业、开展公共文化服务必须坚持中国共产党的领导，坚持社会主义方向，坚持正确的思想舆论导向，弘扬社会主义核心价值观，把社会效益放在首位，这是我们的国家性质决定的；意识形态不仅存在于政治生活界面，还广泛地存在于国家间利益博弈、民族间文化对话、信仰间宗教关怀以及民

---

① 幺建鹏. 马克思主义精神生产理论与中国先进文化 [D]. 石家庄：河北师范大学硕士学位论文，2004.

② 金元浦. 试论当代的"文化工业" [J]. 文艺理论研究（2）：28-34.

族国家的内置价值取向等存在结构之中,它还在公民社会和公共社会生活空间程度不同地发生价值导向作用,特定民族国家所选择的社会形态和社会性质很大程度上还有赖于与之相适应的意识形态立场的坚守①。

同时,还要注重作为上层建筑的文化内容对经济基础的反作用,因此,发展文化产业和开展公共文化服务要适应经济社会的发展规律,遵循文化生产传播的规律,尊重人们的文化消费习惯,努力创作出更多的贴近实际、贴近生活、贴近群众,反映人民主体地位和现实生活的优秀精神文化产品,努力做到经济效益与社会效益相统一,既是发展文化产业的重要条件,也是发展文化产业的必然要求。

发展文化产业,开发文化产品,要注重提升产品的内涵,防止在批量生产的过程中出现审美价值的异化。霍克海默和阿多诺对文化工业的批判值得警惕:"高雅艺术的严肃性在于其精确的效力,文化工业对这种效力进行投机追求而毁坏了它;低俗艺术的严肃性在于社会控制尚不彻底的情况下它与生俱来的反叛性抵抗,但是文化工业将文明化制约强加于其上,消灭了它的这种特征。"② 要树立精品意识,以内容为核心提升文化产品的质量。文化产品的质量是文化产业的生命线,文化产品没有质量,文化产业也不会有质量。缺乏创新、粗制滥造的文化产品,内容上不健康的文化产品,会影响社会风气,拉低公众的素质,影响社会精神文明建设的水平。

4. 外部性理论

(1) 理论概述。

外部性理论又被称为"溢出效应""外差效应"或"外部效应",指个人或组织的活动在达到自身目的同时,使另外的个人或者组织受益或者受损的情况。

外部性相关理论的提出源于英国剑桥学派的创始人马歇尔(Alfred Marshall)。马歇尔在1890年的《经济学原理》中提出的"外部经济"概念,他认

---

① 王列生. 论构建公共文化服务体系的意识形态前置 [J]. 文艺理论与批评, 2007 (2): 125 – 129.

② [德] 西奥多·W. 阿多诺. 文化工业述要 [J]. 赵勇译, [美] 曹雅学校译. 贵州社会科学, 2011 (6): 42 – 46.

为除了土地、劳动和资本这三种生产要素外,还存在着"工业组织"作为第四类生产要素。马歇尔并没有明确提出外部性这一概念。庇古（Arthur Cecil Pigou）完善和扩展了马歇尔的外部经济概念,提出了"外部不经济"的概念。在庇古的理论中,生产活动带给社会的正面的影响是"边际社会收益",负面影响被称作"边际社会成本"。庇古把外部性理论向前推进了一步。

萨缪尔森（Paul A. Samuelson）和诺德豪斯（William D. Nordhaus）认为"外部性（Externalities）指的是企业或个人向市场之外的其他人所强加的成本或效益",这一定义被学术界广为接受。

经济的外部性可以分为正外部性和负外部性。正外部性是某个经济行为个体的活动使他人或社会受益,而受益者无须花费代价;负外部性是某个经济行为个体的活动使他人或社会受损,而造成负外部性的人却没有为此承担成本。

（2）理论应用。

文化生产具有显著的外部性。外部性分为正的和负的外部性。负外部性是指一个主体的行为导致了旁观者（也就是与他的行为没有直接关系的人）的利益损害的情景。正外部性是指一个主体的行为导致旁观者无须付费的利益增加。文化产品是外部性很强的产品,其外部性不仅存在于文化产品厂商或企业的生产行为或过程中,而且存在于文化消费者的消费过程中或之后。前者我们称之为文化产品生产外部性,后者称之为文化产品消费外部性。

文化产品生产外部性是指文化产品生产商或企业的生产行为对其他生产者或消费者产生影响,而这种影响无法通过市场机制反映出来。文化产品生产外部性主要表现为外部经济,即文化知识、信息或创意溢出。文化生产的这种溢出主要是文化生产过程中文化知识技术、信息或创意从文化产业内部的一个部门流向另一个部门,或者是从文化产业内部流向文化产业外的状态和过程,这种溢出本质上是被动、无意识、非自愿泄漏出来的。要特别注意的是,文化产品生产固定成本高,边际成本低,文化产品生产企业要花费大量成本进行市场开发,而文化产品的复制成本却很低,如不建立合理的文化生产补偿机制,文化产品生产者将缺乏创作动力,这大大影响我国文化建设进程,不利于社会主义和谐社会的建设。文化产品知识产权保护是修正这种外部性的正确途径。

文化产品消费外部性的一个重要表现是文化消费的意识形态功能。意识形态功能是文化产品消费过程中的一种特殊外部性，因为文化产品不仅具有教育娱乐功能，而且还传递某种特定的文化思想和观念，而这种文化思想和观念是为统治阶级服务的。正如费斯克所说，在文化经济中，流通过程并非货币的周转，而是意义和快感的传播①。可见，文化产品是意识形态的有效载体，消费者通过文化消费活动将这种"意义和快感"传播开去，对现行制度的合理性提供解释，并强化这种合理性。文化产品消费外部性的一个重要表现就是文化消费产生"知识经济"效应。文化消费行为不仅能够满足消费者效用，而且能够提升消费者的知识能力。消费者的知识能力不仅影响他自身的收益，而且还使其他投入要素收益递增，推动经济增长，这就是典型的"知识经济"效应。

二、相关概念界定

1. 文化产业

文化产业是以文化内容的创造为核心，通过市场化和产业化的组织大规模提供文化产品和文化服务的经济形态②。与其他传统类型的产业相比，文化产业是一种新兴产业，具有意识形态和文化商品的双重属性，兼顾经济效益和社会效益的双重目标，具有广阔的发展前景。文化产业发展评价是文化产业发展状况的晴雨表，是文化产业在发展过程中所体现出的效益和能力，也是一个国家、一个区域文化软实力的体现。正因如此，在国家之间、地区之间综合实力竞争中，文化产业正在扮演着越来越重要的角色，研究文化产业的区域发展，评价和测度地区文化产业发展情况，可以为提高文化产业竞争力提供政策建议和实践参考。文化产业在我国国民经济发展中的地位与作用日益凸显。然而，中国文化产业管理面临管理体系与管理框架不明晰、监管主体不明确等主要问题。为此，应从转变政

---

① [美] 约翰·费斯克（JohnFiske），王晓珏. 理解大众文化 [M]. 北京：中央编译出版社，2006：230.

② 花建. 产业界面上的文化之舞 [M]. 上海：上海人民出版社，2002：45-46.

府职能、加强知识产权管理、完善管理人才培养机制、建立投融资管理体系等方面优化文化产业管理,推动文化产业向高端价值链跃升。

文化产业(Culture Industry)一词,最早出现于法兰克福学派代表人物霍克海默(Horkheimer)、阿多尔诺(Adorno)(1947)① 合著的《启蒙辩证法》一书中,被认为是一种"作为意识形态生产的大众文化活动",而这种文化生产方式具有标准化、齐一化或程式化的特征,因而又被称为"文化工业"。随着数字化信息技术的出现和世界范围内文化产业的发展,文化工业的概念逐渐朝文化产业概念发展,不再具有法兰克福学派的批判性倾向,而是更强调各文化行业与市场经济之间日益紧密的联系。

由于各国文化背景、经济发展等实际状况以及对文化产业的性质和功能等认识上的差异,各国的政府、组织等对文化产业并没有形成严格和统一的界定。部分国家将文化产业称为创意产业、内容产业或者版权产业。1972年,联合国教科文组织(UNESCO)将文化产业定义为"按照工业标准生产、再生产、储存以及分配文化产品和服务的一系列活动"。1999年,韩国政府发布的《文化产业振兴基本法》将文化产业解释为"与文化商品的策划、开发、制作、生产、流通、消费等有关的产业"。美国没有文化产业的提法,它们与文化产业的相关的表述是版权产业,主要从文化产品具有知识产权的角度来界定。日本对文化产业的界定比较宽泛,凡是与文化相关联的产业都属于文化产业。英国布莱尔政府最先提出了创意产业的概念,强调创意在产业文化中的重要地位,即"源自个人创意、技巧及才华,通过知识产权的开发和运用,具有创造财富和就业潜力的行业"。芬兰将文化产业定义为"基于意义内容的生产活动",称为"内容产业"。

为了深化文化体制改革和推进社会主义文化强国建设,我国也不断完善文化产业的内涵界定和分类统计工作。2001年,全国政协与文化部共同组成的文化产业联合调查组定义"文化产业"是"从事文化产品生产和提供文化服务的经营性行业"。2004年4月,国家统计局印发的《文化及相关产业分类》将文化及相关产业界定为"为社会公众提供文化、娱乐产品和服务的活动,以及与这些活

---

① [德]霍克海默,[德]阿多尔诺.启蒙辩证法:哲学断片[M].洪佩郁,蔺月峰译.重庆:重庆出版社,1990:245.

动有关联的活动的集合",对文化产业内涵的认识进一步深化,从原来的"行业"扩展为相关活动的"集合"。为了进一步明确文化产业的门类和地位,《文化及相关产业分类》还对文化产业进行了分层:文化产业核心层、文化产业外围层和相关文化产业层。2012年,国家统计局发布了《文化及相关产业分类(2012)》,对文化产业概念的描述更加清晰和规范——"为社会公众提供文化产品和文化相关产品的生产活动的集合"。为适应我国文化产业发展的新情况、新变化,同时也与国际接轨分类借鉴了联合国教科文组织的《文化统计框架——2009》的分类方法,更具有统计学意义上的操作性。2018年,《文化及相关产业分类(2018)》推出,与2012年的分类相比,重点调整了文化产业的分类类别结构。

国内外学者从生产过程、理念特征、生产目的、社会效应等不同的视角对文化产业的内涵进行了深入分析。目前公开的《文化产业促进法》正在送审稿中,其将文化产业的定义为:指以文化为核心内容而进行的创作、生产、传播、展示文化产品和提供文化服务的经营性活动,以及为实现上述经营性活动所需的文化辅助生产和中介服务、文化装备生产和文化消费终端生产等活动的集合。本书认可这种定义。

从类别上看,文化产业可以分为两类:一是以文化创作为核心内容,为直接满足人们的精神需要而进行的创作、制造、传播、展示等文化产品(包括货物和服务)的生产活动。具体包括新闻信息服务、内容创作生产、创意设计服务、文化传播渠道、文化投资运营和文化娱乐休闲服务等活动。二是为实现文化产品的生产活动所需的文化辅助生产和中介服务、文化装备生产和文化消费终端生产(包括制造和销售)等活动。

文化产业属于国民经济产业体系中的一种,遵循产业发展的一般规律。同时,文化产业又是具有高文化含量、高附加值的特殊产业,具有产业和意识形态的双重属性。因此,文化产业至少有以下特征:

一是文化产业具有商业性和工业性。文化产业的目的是创造利润,为了提高生产效率,许多文化企业生产和经营的文化产品都具有低成本、可复制、知识技术含量高等与工业生产相近的特征。

二是文化产业所生产的文化产品能满足人们的需求,文化产品是精神产品,这是区别于其他物质产品生产的一个本质特征,因而文化产业具有很强的社会效益。

三是文化产业的核心要素。文化产业发展的关键在于创新,人是创新的原动力和主体。因此,创意与人才与资本、资源、市场等共同构成文化产业的核心要素①(见表2-1)。

表2-1 国内外学者对文化产业内涵的界定

学者	界定
大卫·索斯比（澳大利亚）②	在生产中富含创造性,凝结一定程度知识产权并传递象征性意义的创造性文化产品与文化服务
约翰·霍金斯（英国）③	创意产业是一种在全球化的消费社会的背景中发展起来的,推崇创新、个人创造力,强调文化艺术对经济的支持与推动的新兴的理念、思潮和经济实践
大卫·赫斯蒙德夫（英国）④	文化产业通常指的是与社会意义的生产最直接的相关机构（主要指营利性公司,但也包括国家组织和非营利组织）
日下公人（日本）⑤	文化产业就是创造一种文化符号,然后销售这种文化和文化符号
斯科特（美国）⑥	文化产业主要是为了实现教育、信息和娱乐等目的的服务产出,是与基于消费者特殊嗜好、自我肯定和社会展示等目的的人造产品集合
贾斯廷·奥康纳（英国）⑦	文化产业是指经营符号产品的活动,这些产品的经济价值主要源自它们的文化价值
尼古拉斯·加纳姆（英国）⑧	文化产业是指那些使用同类生产和组织模式如工业化大企业的社会机构,这些机构生产和传播文化产品和文化服务
胡惠林（中国）⑨	文化产业是一个以精神产品的生产交换和消费为主要特征的产业系统

① 范建华. 范建华集［M］. 昆明:云南大学出版社,2015:363.
② THROSBY D. Economics and culture［M］. Cambridge:Cambridge University Press,2001:144.
③ HOWKINS J. The creative economy:How people make money from ideas［M］. Penguin UK:Penguin Global,2002.
④ ［英］大卫·赫斯蒙德夫（DAVIDHESMONDHALGH）. 文化产业（第3版）［M］. 张菲娜译. 北京:中国人民大学出版社,2016:357.
⑤ ［日］日下公人. 新文化产业论［M］. 范作申译. 北京:东方出版社,1989:20-21.
⑥ SCOTT A J. Cultural - products industries and urban economic development:Prospects for growth and market contestation in global context［J］. Urban Affairs Review,2004,39（4）:461-490.
⑦ 林拓. 世界文化产业发展前沿报告2003—2004［M］. 北京:社会科学文献出版社,2004:330.
⑧ GARNHAM N. Toward a theory of cultural materialism［J］. Journal of Communication,1983,33（3）:314-329.
⑨ 胡惠林. 文化产业发展与国家文化安全［M］. 广州:广东人民出版社,2005:114-122.

续表

学者	界定
薛永武（中国）[1]	所谓文化产业，其实质上是指文化与产业相统一的文化经济形态。在文化与产业统一的过程中，根据文化产业性质和特征的不同，有的文化产业的文化属性相对较多一些，而有的文化产业的经济属性相对较多一些
李江帆（中国）[2]	文化产业是国民经济中生产具有文化特征的实物产品和服务的单位集合体。文化产业的基本内涵是：文化产品或服务的基本价值源于它包含的文化资源价值
花建（中国）[3]	以生产和经营文化商品和文化服务为主要业务，以文化企业为骨干，以创造利润为核心，将文化价值转化为商业价值的协作关系作为纽带，所组成的社会生产的基本组织结构

2. 公共文化服务

公共文化服务是国家公共服务体系中的重要组成部分。提升公共文化服务的发展水平既是保障公民基本文化权益的需要，也是一个国家文明程度的重要体现。尽管各国对公共文化服务的内涵认知不同，发展模式各异、衡量标准不一，但各国都把发展公共文化服务作为保护公民基本文化权益，满足公民基本文化需要的重要手段。国内外学者对公共文化服务的相关研究，主要集中在内涵界定、发展水平测度与绩效评估、均等化研究等方面。

公共文化服务这一概念是由公共服务衍生而来。目前学界对于"公共文化服务"这一概念目前尚未形成特定和明确的定义，但其基本指涉的内容、含义与性质仍具有一定的统一性。学术界对公共文化服务概念的界定与阐述，与公共文化研究和公共服务研究是分不开的。国外学者将公共文化服务看作是政府公共服务的重要内容，较少有对公共文化服务的内涵展开研究的。

2005年，党的十六届五中全会首次提出"公共文化服务"的概念以来，中共中央、国务院高度重视公共文化服务体系的建设和完善工作，出台了一系列相

---

[1] 薛永武. 论文化产业的经济属性和社会属性 [J]. 山东大学学报（哲学社会科学版），2016 (5): 32 - 40.
[2] 李江帆. 文化产业：范围、前景与互动效应 [J]. 经济理论与经济管理，2003 (4): 26 - 30.
[3] 花建. 产业界面上的文化之舞 [M]. 上海：上海人民出版社，2002: 45 - 46.

关文件和法律法规。2007年,《中共中央办公厅、国务院办公厅关于加强公共文化服务体系建设的若干意见》颁布。2013年,党的十八届三中全会提出建立"现代公共文化服务体系"的目标任务。2015年,《关于加快构建现代公共文化服务体系的意见》颁布,并制定了国家基本公共文化服务的统一指导标准。在此背景下,公共文化服务的指导思想、任务目标等得到不断完善,为学术研究提供了契机和方向。国内学者从提供主体、服务目的、具体内容等不同视角对公共文化服务的内涵特征等进行了深入研究。

综合以上学者对公共文化服务的界定,"公共文化服务"这一概念可以看作是对"公共文化"和"公共服务"两个概念的整合性表述。公共文化是文化的重要组成部分,所指代的是广义文化中基础的文化、大众化的文化、普及的文化。而公共服务一般认为是公共部门与准公共部门为满足社会公众需要,提供公共产品和准公共产品的服务行为的总称。公共文化与文化、公共文化服务与公共服务在一定范围内表现为从属关系。部分国内学者对公共文化服务的内涵界定见表2-2。

表2-2 国内学者对公共文化服务的内涵界定

学者	界定
李国新[①]	我国的公共文化服务体系是以保障人民群众基本文化权益、满足人民群众基本文化需求为目的,以政府为主导,以公共财政为支撑,以公益性文化单位为骨干,向全社会提供公共文化设施、产品、服务的总和
陈威[②]	公共文化服务就是由公共部门或准公共部门共同生产或提供,以满足社会成员的基本文化需求为目的,着眼于提高全体公众的文化素质和文化生活水平的公共产品
曹爱军、杨平[③]	公共文化服务是满足社会的公共文化需求,向公众提供公共文化产品与服务行为及其相关制度与系统的总称
边继云[④]	公共文化服务均等化是指基于公平原则,在尊重文化自由选择权的基础上,向各类居民提供大体相同的公共文化服务

---

① 李国新. 文化类社会组织是政府购买公共文化服务的主要力量 [J]. 中国社会组织, 2015 (11): 3, 16-17.
② 陈威. 公共文化服务体系研究 [M]. 深圳: 深圳报业集团出版社, 2006: 212.
③ 曹爱军, 杨平. 公共文化服务 理论与实践 [M]. 北京: 科学出版社, 2011: 220.
④ 边继云. 河北省城乡公共文化均等化存在问题及产生原因 [J]. 河北科技师范学院学报 (社会科学版), 2009 (4): 58-61.

续表

学者	界定
王全吉，周航[1]	公共文化服务是文化部门为满足社会公共文化需求，提供公共文化产品的服务行为的总称。公共文化服务的实质是一种文化层面的公共服务，其生产、提供的产品同样具有公共产品和准公共产品的特性
吴理财[2]	公共文化服务的实质就是建构公共性，在转型社会中，它将发挥越来越重要的社会治理功能。因此，把"治理"引入公共文化服务，从文化治理的角度重新审视公共文化服务的内涵，就会发现公共文化服务既是文化治理的一种形式，也是文化治理的一项内容
黄聚云[3]	公共文化服务是以全体人民为服务对象，以满足人民群众的基本文化需求、保障其基本文化权益为目的，由政府为主导的公共部门提供的具有公益性、无偿性（低偿性）的文化设施、文化产品、文化活动等以及由此形成的体系
曾耀农[4]	公共文化服务体系就是在社会主义核心价值体系的指引下，以政府为主导，多方协同参与，以公共财政资源作为基本保障，以完善公共文化服务设施和提供高质量的公共文化产品与服务为主要途径，保障公民基本文化权益实现的制度与系统的总称
曹轶臻，张生言，谌平[5]	以政府部门为主的公共部门提供的以保障公民基本文化生活权利为目的、向公民提供公共文化产品与服务的制度和系统的总称，包括公共文化服务设施、资源和服务内容，以及人才、资金、技术和政策保障机制等方面的内容
孙刚[6]	指由公共部门或准公共部门单独或者共同生产或提供的，以满足人民的基本文化需要和保障人民的文化权益得以实现为宗旨的，以提高公众文化素质和社会整体文化水平为目标的，既要为公众提供基本的精神文化享受，也要维持社会生存发展所必需的文化环境与条件的公共产品和服务的行为

公共文化服务应该具备以下特征：

一是公共性。公共文化服务是建立在"公共"的基础之上。公共性主要表

---

① 王全吉，周航．浙江公共文化服务创新研究［M］．杭州：浙江大学出版社，2013：219．
② 吴理财．公共文化服务若干界说辨识［N］．北京日报，2012-10-08（018）．
③ 黄聚云．文化城镇化视角下的传统体育文化传承［M］．上海：上海人民出版社，2015：310．
④ 曾耀农．从文化管理到文化治理［M］．西安：西安交通大学出版社，2017：279．
⑤ 曹轶臻，张生言，谌平．城市公共文化云平台建设［M］．北京：中国传媒大学出版社，2018：170．
⑥ 孙刚．公共文化新视觉 公共文化服务体系建设中的政府主导作用研究［M］．武汉：中国地质大学出版社，2018：163．

现在：公共文化服务的提供主体应该是政府公共部门或者准公共部门。公共文化服务的公共产品属性决定了政府（财政）在其供给过程中承担不可或缺的责任。

二是文化性。公共文化服务是政府等公共部门或者准公共部门为主体提供的是一种文化服务，以保障公众的基本文化权益为目的，带有鲜明的意识形态色彩。

三是公益性。公共文化服务提供的目的是满足社会公众的基本文化需要，保障公众的基本文化权益，服务的对象是最广泛的社会公众。这种服务是以免费或者低收费的形式实现的，不以营利为目的，具有很强的公益色彩。

四是基础性。政府等公共部门或者准公共部门所提供的公共文化服务的内容是基础性的，是基于最低保障的。公众的文化需求是有层次的，不是所有的文化需求都由国家免费提供。国家通过提供公共文化服务，保障公众读书、看报、听广播、看电视、参加群众文化活动等基本的文化需求，社会公众对文化的更高层次、更多方面、更广领域的文化需求，需要通过发展文化产业来满足。

五是均等性。公共文化服务的均等性是指公共文化服务平等地向社会的每个成员提供产品和服务，以均等化、标准化、无差别化为目标。目前我国公共文化服务还存在着发展不平衡的现象，主要表现在区域之间、城乡之间、群体之间的不均等。

2017年3月，《中华人民共和国公共文化服务保障法》（以下简称《保障法》）正式实施，《保障法》第二条将公共文化服务的内涵定义为"由政府主导、社会力量参与，以满足公民基本文化需求为主要目的而提供的公共文化设施、文化产品、文化活动以及其他相关服务"。本书认可这一界定。

3. 协调发展

"协调"（Coordination）从语义上讲，指的是"配合适当，和谐一致"。拆开来看，"协调"中的"协"和"调"都有统筹、合作、均衡的含义①。"协调"可以看作是协调各种关系、各种矛盾、各方力量的一种过程，也可以看成是一种理想状态，在这种状态下系统内部矛盾的对立和冲突被调和到最有利于达成目标的态势。

---

① 熊德平. 农村金融与农村经济协调发展研究[M]. 北京：社会科学文献出版社，2009：511.

在不同的用语环境中，"协调"一词所指代的含义不尽相同。在不同的学科环境中，协调内涵的侧重点也不一样。美学上的"协调"是指色彩的和谐统一，乐律上的"谐调"是指韵律优美，缓急得当；经济学中的"协调"强调的是在各种经济要素的共同作用下，经济系统达到均衡状态；管理学中的"协调"是为实现预期的管理目标，采用一定方法对各种管理要素间的关系综合考虑。社会学中的"协调"是对人类与社会生活的关系优化处理。协调是指"为实现系统总体演进的目标，各子系统或各元素之间相互协作、相互配合、相互促进而形成的一种良性循环态势"①。

协调发展（Coordinated Development）是由"协调"和"发展"组成的词组，"协调"可以看成是"发展"的修饰词，协调是手段，发展是目的。协调是过程，发展是结果。协调发展可以看作是事物从"不协调"到"协调"运动的一个过程。

从理论上看，"协调发展"的思想由来已久。我国古代就有"天人合一"的思想，崇尚和谐。到了近代，协调发展理念是对马克思主义经典作家辩证法思想的继承与发展。协调发展可以看成是协调好各种矛盾和不均衡因素，协调好生产力与生产关系，协调好经济基础与上层建筑，从而实现社会的良性发展②。此外，协调发展理念的提出与一般系统论思想、自组织理论、协同学理论密切相关。

人们对协调发展理念的认识是一个不断深化的过程。在中华人民共和国成立初期，毛泽东"论十大关系"，就是协调各方面因素发展生产力。改革开放后，邓小平提出的"发展的目的是最终实现共同富裕"，也蕴含着协调发展的理念。党的第十六次代表大会把"协调"作为"科学发展观"的内核，强调"五个统筹"，协调的理论进一步得到阐释。党的十八届五中全会系统提出了"创新、协调、绿色、开放、共享"的五大发展理念，协调发展作为其构成之一，对于我国社会主义各项事业更好更快发展具有深远意义，"协调"也被赋予了富有时代价值的理论内涵，成为我国"十三五"时期社会发展事业的重要指导依据。

---

① 王维国. 协调发展的理论与方法研究 [D]. 大连：东北财经大学博士学位论文，1998.
② 李晨. 新时代协调发展理念的理论基础、当代价值研究 [J]. 学理论，2018 (10): 30 – 32.

对于发展社会主义文化而言，协调发展既是发展手段又是发展目标，同时也是评价发展的标准和尺度。文化的协调发展是以实现文化的全面发展为目的，通过优化配置区域内的各种文化生产要素以及协调社会、经济、科技、环境、资源之间的关系，以达到相互协作、相互配合和相互促进而形成的社会发展的良性循环态势。文化的协调发展至少应包括以下内容：物质文明与精神文明协调发展、城乡文化协调发展、区域文化协调发展、文化产业与文化事业协调发展、精英文化与大众文化协调发展。

协调发展不等于同时发展，同步发展，而是允许聚焦重点地区、重点行业、重点任务，允许部分地区、部分行业先发展起来，以重点突破带动整体推进。在协调发展上，平衡是相对的，不平衡是绝对的。与发达国家相比，我国在文化产业发展质量、公共文化产品供给水平、文化体制机制效率等方面还存在严重短板，客观上需要通过"协调发展"去破解，只有这样，我们才能增强发展后劲，在协调发展中拓宽发展空间，在加强薄弱领域中增强发展后劲。

4. 相关概念的辩证关系

（1）文化事业与文化产业。

文化事业是一个历史性的概念，是中国特殊国情下的特有名词。

学者们认为文化事业的概念有广义和狭义之分。从广义上看，文化事业可以看作是在党和政府领导下的各类组织和个人所开展的一切文化活动。从狭义上看，文化事业是与文化产业相对而言的一个专属名词，在与文化产业并用的环境下，主要特指文化事业单位所从事的以公益性为主要目的文化生产、服务、管理活动。例如，在党的十六大报告中出现的"文化事业和文化产业并重"的提法，就是指的狭义的文化事业。

文化事业还可以用来指代文化事业单位。文化事业单位既不同于文化行政管理机关，也不同于文化企业单位，其资金主要是由国家财政拨款（目前也有些单位实行自收自支），服务对象是全社会的公众①。

---

① 韩永进．"文化产业"概念的正式提出及其背景［M］．北京：社会科学文献出版社，2002：20-26．

文化事业的概念具有历史性。中华人民共和国成立以后，经过社会主义改造，我国建立起高度集中的计划经济体制，在国力虚弱的情况下，为了高效地配置社会资源，国家设立了大量的从事教育、科技、文化、卫生等公共服务的社会组织，统称为事业单位。从事文化领域公共服务的组织叫文化事业单位。

文化事业所涵盖的范围具有动态性。由于文化机构建设、文化体制改革等原因，从诞生伊始至今我国官方文件中对"文化事业"的界定就处于不断的变化中，与之对应，文化事业所涵盖的范围也一直处于动态变化之中。但一般来说，文化事业单位是具有公益性、服务性的组织这一点是明确的。

从现有的文献来看，学界对文化事业与文化产业之间的辩证关系有较多的论述。在公共文化服务体系的概念正式提出和广泛推广之前，学者们主要探讨文化事业与文化产业的关系。艾斐（2004）[1]、胡攀（2005）[2]、胡泽民（2007）[3]、方宝璋（2009）[4] 提出，文化事业与文化产业作为我国文化建设的两个重要组成部分，相辅相成缺一不可，在处理两者关系上要注意克服过分强调文化事业或者过分强调文化产业的片面性，提倡文化产业与文化事业并重，并指出文化事业和文化产业存在互依、互渗、互促、互励的关系。

周正刚（2010）[5] 认为，文化事业与文化产业虽然在性质职能、资金来源、运行机制、调控方式等方面具有明显区别，但两者是相互依赖、相互渗透与相互转化的，应正确处理文化事业与文化产业的辩证关系，坚持意识形态规律与市场规律相协调，坚持经济效益与社会效益相结合。

范周（2012）[6] 提出，公益性文化事业和经营性文化产业都是文化发展中不可或缺的重要组成，公益性文化事业发展，同样是市场规律与文化发展规律的结合，政府并不是公共文化服务唯一的提供者。文化产业的发展同样如此。

---

[1] 艾斐. 文化事业与文化产业的关系 [N]. 人民日报, 2004-05-11 (16).
[2] 胡攀. 文化事业与文化产业若干问题探讨 [J]. 求实, 2005 (S1): 206-207.
[3] 胡泽民. 发展文化产业的同时必须弥补文化公益事业发展的缺失 [J]. 广西广播电视大学学报, 2007, 18 (3): 16-19.
[4] 方宝璋. 文化事业、文化产业的关联与互动 [J]. 重庆社会科学, 2009 (9): 127-130.
[5] 周正刚. 文化事业与文化产业关系辨正 [J]. 东岳论丛, 2010 (11): 142-146.
[6] 范周. 促进文化事业和文化产业协调发展 [N]. 光明日报, 2012-10-16 (13).

孟东方等（2014）[①] 认为在我们国家的文化竞争系统中，文化核心影响是引领，起导向作用；文化事业繁荣是基础，起托底作用；文化产业发展是支柱，起中坚作用；文化运行保障是保证，解决的是文化依托的问题。以上"3+1"的模块系统是中国文化竞争力的关键。

(2) 文化事业到公共文化服务的转变。

我国国内文化事业运营的本质是提供公共文化服务，满足公民的文化权利，是政府公共服务的重要内容之一。文化事业的主体是指以政府部门为主的公共部门。这些公共部门需要提供以保障公民的基本文化生活权利为目的的公共文化产品与服务的制度和系统，包括公共文化服务设施、资源和服务内容，以及人才、资金、技术和政策保障机制等方面内容。这就是文化事业运营的基本内容，这与国际社会所讲的公共文化服务本质上是一致的[②]。

从计划经济下的"文化事业"到"公益性文化事业"，再到"公共文化服务体系"，不仅仅是表述上的变化，更重要的是，每一种新的表述，都意味着人们认识水平上的一次新的飞跃（陈立旭，2008）[③]。江逐浪（2010）[④] 指出，我国的公共文化服务体系的进一步完善，需要处理好公共文化服务与文化产业的关系、公共文化服务的供给与需求关系、文化项目与文化空间的关系，这三个关系是影响我国公共文化服务事业发展的内在的、结构性的问题。

文化事业与公共文化服务的产生有着不同的时代背景和社会需求。中华人民共和国成立伊始的文化事业体系，在组织、人员、机构方面为当前的公共文化服务体系奠定了基础，同时也在思想观念、管理体制、运营模式上对公共文化服务的开展产生了深远的影响。因此，无论是历史还是从现实都不能把两者割裂开

---

① 孟东方，王资博. 中国文化竞争系统研究论纲 [J]. 重庆大学学报（社会科学版），2014（5）：135-140.

② 杨晓东，刘锋，李昂. 文化驱动新型城镇化 北京定福庄发展模式研究 [M]. 北京：中国工人出版社，2014：308.

③ 陈立旭. 从传统"文化事业"到"公共文化服务体系"——浙江重构公共文化发展模式的过程 [J]. 中共宁波市委党校学报，2008，30（6）：5-15.

④ 江逐浪. 中国公共文化服务事业发展中的几个内在问题 [J]. 现代传播（中国传媒大学学报），2010（5）：11-14.

来。傅才武（2012）[①]认为，从本质上看，公共文化服务体系的建设可以看成是在市场经济背景下的结构创新、发展模式的重构。

傅铭（2017）[②]对文化事业、文化产业、公共文化服务三者概念的逻辑关系进行了深入的分析，指出"文化事业是文化的下位概念，同时又是公共文化服务体系和文化产业的上位概念，公共文化服务体系与文化产业是平行概念，它们相互作用辩证统一构成文化事业这一矛盾统一体"。刘先进（2018）[③]认为，公共文化服务与文化产业具有互斥关系、依赖关系与融合关系，公共文化服务满足社会公众一般性、基础性的文化需求，文化产业则满足社会公众特殊性、个性化的文化需求。

（3）文化产业到公共文化服务的互动。

公共文化服务的推行表明我国文化体制改革的重点开始由"市场"向"社会"转变。改革开放来，我国的文化市场化取得巨大发展，但市场的丛林法则也使地区、城乡、群体之间的文化发展不均衡性愈加突出，国家有必要通过公共服务的形式扭转这种不均衡性，保障人民的基本文化权益[④]。而受益于改革开放的红利，我国文化产业呈现出欣欣向荣的局面。与此同时，随着政府发展理念的转变，推动文化产业与公共文化服务协调发展被提上日程。

学界对文化产业与公共文化服务之间的互动关系的论述并不多。一是公共文化服务这一概念提出时间较晚，相关研究成果少。二是受到传统思维的限制，人们将公共文化服务看作是文化事业的一部分，对文化事业与文化产业的论述以及对文化产业与公共文化服务的辩证关系关注不够。从现有的文献看，学者们普遍认为文化产业与公共文化服务相辅相成、相互促进，都是社会主义文化建设必不可少的一部分，推动文化产业与公共文化服务协调发展是政府的重要职责。公共文化服务机构的产业化经营、文化产业如何介入公共文化服务是学者们关注较多的领域。

---

① 傅才武. 当代公共文化服务体系建设与传统文化事业体系的转型[J]. 江汉论坛, 2012(1): 136-142.
② 傅铭. 厘清文化事业与公共文化服务体系及文化产业的关系[J]. 人民论坛, 2017(20): 125-127.
③ 刘先进. 公共文化服务与文化产业的融合关键点[J]. 人民论坛, 2018(23): 130-131.
④ 洪明星. 当代中国文化体制改革逻辑研究[D]. 武汉：华中师范大学博士学位论文, 2015.

综上可知,从发展脉络上看,学者对文化事业、文化产业、公共文化服务的辩证关系的研究是一个逐步深化的过程。中华人民共和国成立初期,我国实行的是高度集中的文化事业管理体制,国家对公共文化实行统一供给,随着改革开放的进行,市场经济体制的逐步建立,面向市场、追求经济效益的文化产业从原有的体制中分离出来,国家以原有的公益性文化事业为主体构建公共文化服务体系。文化产业与文化事业、文化产业与公共文化服务相互促进、相辅相成,探讨它们之间的相互关系,应该结合历史和现实的因素以及具体的语境来进行。

第三章　中国文化产业与公共文化服务的发展历程与协调机理

一、中国文化产业的发展历程

回首中华人民共和国成立70多年以来的发展历程，我国文化产业的发展与时代的发展和国家的前途命运紧密相连，经历了一个萌芽、快速发展、繁荣壮大的历程。

1. 市场萌芽阶段（1978～1992年）

从1949年中华人民共和国成立到1978年改革开放，我国的文化建设始终处于高度集中的计划经济体制之下，市场能够发挥的作用十分有限。

1978年，党的十一届三中全会确立了以经济建设为中心的发展战略，随着全面拨乱反正的进行，社会经济开始恢复正轨，人们的思想观念也得到了解放，文化产业具备了萌芽的土壤。

"文艺是时代前进的号角，最能代表一个时代的风貌，最能引领一个时代的风气。"文化娱乐业最先回应了时代的呼唤，以邓丽君等人所唱的歌曲登陆校园，悄然传唱，一展时代新风。1979年1月28日，上海电视台宣布"即日起受理广告业务"，并播出了"参桂补酒"广告，这是我国大陆地区第一条电视广告,揭开了中国电视广告史册的第一页。1979年,广州市东方宾馆音乐茶座开业,观众买一张票,就可以在舞台前听流行歌曲,这种模式很快在全国范围内流行,标志着改革开放后中国文化娱乐市场的开启①。

在这种背景下,我国开始建立录音制品出版社,中国音像业逐渐起步。1980年,由《北京晚报》主办的"新星音乐会"在首都体育馆举办,音乐会引起了极大的轰动,"新星音乐会"现场演出实况的唱片,畅销全国。改革开放带来的冲击是巨大的,思想的解放带来的是文化需求的大量释放,有些人已经开始意识到文化产业的春天马上就要来了。

20世纪80年代中期,中国电视业发展也迎来了"黄金时代"。1985年,我国电视机年产量已达1600余万台,超过了美国,仅次于日本,尽管当时我国的人均电视拥有率还处于很低的水平,但电视正在以极快的速度在大众间普及,这为国产电视剧的生产和传播奠定了基础。1982年《西游记》开拍,紧接着《聊斋》《红楼梦》等优质电视剧相继登上荧屏,深受观众的喜爱。

与此同时,全国音像业也迎来了快速发展,最受市场欢迎的是通俗音乐制品,销量在整个音像市场上处于主导地位。

1985年,国家统计局发布的《关于建立第三产业统计的报告》首次把文化艺术作为第三产业的一个组成部分,文化要素在国民经济中的地位进一步提升。

随着改革的深入,我国部门文化事业单位为了解决经费不足的问题,也开始利用自身资源试水市场经营。但这些"以文补文""多业助文"等多种经营模式一开始并不被允许,被指责为"不务正业""一切向'钱'看"。

20世纪80年代初期出现的"文化市场"现象引起了有关部门的重视。国家相继出台了《广告管理条例》《关于艺术表演团体的改革意见》《关于改进舞会管理的通知》《关于加强文化市场管理工作的通知》《文化事业单位开展有偿服务和经营活动的暂行办法》等政策性文件对文化市场进行规范管理,这些文件承认了文化市场的地位,对文化市场的发展起到了保驾护航的作用。

1978~1992年可以看作是文化产业的萌芽期,这颗幼苗在"计划管制"下

---

① 对于东方宾馆音乐茶座的开业时间,存在1979年、1980年、1981年三种说法,本书取1979年。

萌芽抽叶，带着明显的"双轨制"特征①。

2. 起步发展阶段（1992～2002年）

1992年10月召开的党的十四大确立了建立社会主义市场经济体制的改革目标。建立社会主义市场经济体制，这是我国进一步深化经济体制改革的一项重要内容。党的十四大报告中明确提出要"完善文化经济政策"，文化产业发展迎来新的机遇。这一阶段，我国文化产业初步形成，并取得了比较显著的成就。

文化产业规模迅速壮大。随着文化体制改革的逐渐深入，我国文化产业开始步入全面成长阶段。这一阶段文化产业的机构数、从业人员数，特别是非国有经济形式的文化产业机构与从业人员数都有大幅增加。

文化产业的行业范围不断扩大，文化企业数量不断增加。由原来的以娱乐业、音像业、广告业等行业为主，拓展到其他文化制造行业和文化服务行业，例如出版业、电视业、电影业等。20世纪90年代图书出版业快速发展，到90年代后期民营图书出版业已经占据图书市场50%左右的份额。1999年2月24日，全国第一个出版集团上海世纪出版集团成立，为后来出版产业的全面市场化改革奠定了基础。据不完全统计，1992年我国歌舞厅和卡拉OK厅有一万多家，音像出版单位500多家，复录发行机构1500多个，放映点5万多个，每年大型营业性演出活动在百起以上。

文化消费需求得到释放。流行歌曲、香港电影、通俗文学盛行。一大批文化制造业和文化服务业，特别是演艺公司和广告公司如雨后春笋般出现，我国文化产业的进一步发展已经成为一种势不可当的必然趋势。

数据可以显示这一时期文化产业的高速增长。以广告业为例，1991年全国广告行业有个体和私营企业242户，从业人员1987人，广告营业额847.8万元，到2001年广告经营单位达78339家，从业人员709076人，广告营业额794.9亿元。十年间，中国广告公司数量和广告业体量均实现指数级增长。

进入21世纪，随着中国加入世贸组织，国家主动适应国际竞争的需要不断

---

① 赵学琳. 改革开放40年我国文化产业政策的发展阶段探析［J］. 经济与社会发展，2018，16（6）：76-80.

推动文化体制改革,为文化产业注入了新的活力。

3. 政策完善阶段(2002~2012年)

2002年,党的十六大报告将文化建设区分为文化事业与文化产业,明确阐述了两者的辩证关系,强调"发展文化产业是市场经济条件下繁荣社会主义文化、满足人民群众精神文化需求的重要途径",对文化产业的发展历程具有里程碑的意义。

2003年9月,文化部制定下发《关于支持和促进文化产业发展的若干意见》,将文化产业界定为"从事文化产品生产和提供文化服务的经营性行业"[①]。2004年,国家统计局制定出台的《文化及相关产业分类》将文化产业划分为核心层、外围层和相关层,文化产业作为一个国民经济的统计门类终于有了可以执行的标准。

此后,文化体制改革一步步深入,党的十六大对明确了深化文化体制改革的思路,通过改革,政府职能由管文化、办文化向以管为主转变。国有经营性文化企业建立了现代企业制度、一批批出版社、新华书店、电影制片厂、电视剧制作机构、国有文艺院团纷纷注销编制,转企改制,在市场竞争中焕发出新的活力。

国家同时放宽了民营资本投资博物馆、图书馆、文化馆等公益性文化事业的限制,民营企业、民间资本投资到文化领域的渠道进一步拓宽,成效明显。

在此背景下,2009年9月,国务院常务会议审议通过了《文化产业振兴规划》,将文化产业列为第十一个国家产业振兴规划。次年10月,在党的十七届五中全会通过的"十二五"规划建议中,又提出在"十二五"期间"推动文化产业成为国民经济的支柱性产业",文化产业在国民经济中的地位进一步提升。

1992~2012年,文化产业始终保持着高速增长。"十一五"期间,文化产业的发展速度保持在16%~18%,超过同期GDP的增幅6%~8%。

4. 繁荣壮大阶段(2012年至今)

2012年是中国文化产业承上启下的关键年。党的十八大报告明确提出要将

---

① 文化部. 文化部关于支持和促进文化产业发展的若干意见[J]. 文化市场, 2004 (1): 15-18.

文化产业发展成为国民经济支柱性产业。文化产业在国民经济发展中的地位进一步提升。

新一轮的文化体制改革随即启动,国家有关文化产业政策接连出台,"层级之高,密度之大、力度之强,前所未有"①,2014年,中央全面深化改革领导小组审议通过了《深化文化体制改革实施方案》,在一系列利好政策的推动下,文化产业的发展一路高歌猛进。

文化投资快速增长。在各项政策的引导激励下,我国文化产业固定资产投资规模逐年加大。2017年,我国文化产业固定资产投资额(不含农户)3.8万亿元,2013~2017年年均增长19.6%,高于同期全社会固定资产投资额年均增速8.3个百分点;文化产业固定资产投资占全社会固定资产投资的比重为6.0%,比2012年提高1.8个百分点。

文化企业竞争力增强,中国出版集团公司、中国电影股份有限公司等国有或国有控股文化企业市场竞争力和盈利能力持续走强,表现出了很强的竞争力。2018年《光明日报》评选出了第十届中国"文化企业30强",30家文化企业主营业务收入合计高达3768亿元。

特色发展、融合发展和协调发展成为我国文化产业的发展新趋势。"文化+科技""文化+旅游""文化+金融"等新业态层出不穷。互联网巨头争相投资文化产业,不断创新"文化+互联网"商业模式。

文化产业结构进一步优化。2018年国家统计局发布的资料显示,在文化及相关产业9个行业中,增速超过10%的行业有5个,分别是新闻信息服务、文化投资运营、创意设计服务、文化传播渠道和内容创作生产。这表明文化新业态已成为引领和推动文化产业发展的重要力量。而文化新业态成为了资本追逐的重点。近年来直播、短视频等应用迅速崛起,成为许多年轻人的时尚消费,数字文化产业新业态的迅速发展已经成为最大的亮点。尤其是2018年初,短视频应用迅速下沉至三、四线城市,短视频用户规模和使用时长都呈现爆发式增长态势,带动行业市场规模迅速增长。

文化产品内容品质不断提升,文化产业主体版权意识普遍增强,高价值IP

---

① 孙若风. 我国文化产业发展的政策基础与取向[J]. 前线,2015(2):36-38.

转化周期明显加快，知识产权成为推动文化产业增长的重要力量。文化产业在区域范围内呈现出集聚的趋势，文化产业园区和基地规划建设稳步推进，在全国范围内一批特色鲜明的文化产业园区正在形成。

文化产业"走出去"取得重要成果，一些图书开始在国外畅销、电视剧在国外主流媒体播放，文化产业的民族特色、区域特色得到彰显。

2018年，我国文化产业实现增加值38737亿元，占GDP比重由2012年的3.36%提高到2018年的4.30%，已经接近支柱产业5%的水平。

在高速发展的同时，我国文化产业也面临着诸多的问题。一是高端文化产业人才匮乏，制约了我国文化产业的转型升级。二是文化产业对外传播力不强，文化走出去任重道远。三是社会资本大量进入文化产业，给文化产业带来了一定的泡沫和风险。

二、中国公共文化服务的发展历程

1. 计划经济时期的公共文化服务（1949~1978年）

1949年中华人民共和国成立，掀开了中华人民共和国社会主义文化事业建设的序幕。起临时宪法作用的《中国人民政治协商会议共同纲领》对国家的文化教育政策进行了规定，中华人民共和国的文化教育为"新民主主义的，即民族的、科学的、大众的文化教育"。

在纲领的指导下，党领导全国各族人民改造旧式文化和恢复文化秩序。1953~1956年党领导人民对剧院、影院、公共图书馆等进行了社会主义改造，形成了从中央到基层的自上而下的文化部门垂直领导的格局。在剧院方面，在战争年代形成的文工团的基础上，在对旧有的民营剧团进行"改人、改戏、改制"的社会主义改造基础上，吸收苏联对剧院团的管理模式，形成了以国有艺术表演团体和剧场为主体的计划演出体制。在电影方面，借鉴苏联电影的生产模式，将私营的制片厂全部转换为国有，建立了从拍摄制作到发行放映的公办体制。公共图书馆主面,中央人民政府在各地方建立图书馆,并设立国家文物局管理。全国图书馆事业,各种私立图书馆通过社会主义改造被国家统一接收。

经过改造,一大批全民和集体所有制的博物馆、图书馆、文艺剧团、剧场、影院建立起来,同时还组建了芭蕾舞、交响乐、歌剧等新的演出团体,中国的公共文化服务框架体系得以确立。

同其他行业一样,中国当时的文化事业实行的是计划经济体制,其经费几乎全部来自国家财政预算拨款和专项经费拨款,其人员的数量和构成主要依靠政府计划安排和编制。国家对文化产品、文化服务的创作方针、思想主题提出明确要求,从中央到地方,各级文化部门负责对相关机构进行行政管理,确保文化活动在体制框架内运行。此外,国家还出资大力建设群众艺术馆、文化馆(站)等设施,以活跃基层群众文化,兴办识字班、夜校等开展识字扫盲运动,这些举措为社会主义文化事业的发展和繁荣奠定了物质和人才基础。

1949~1965年,经过17年的努力,我国逐步形成比较完整的文化事业体系,在这种计划经济体制之下,自上而下的条条管理可以高效地提供公共文化服务,保障人民的文化权利。但是这种模式的弊端也很明显,一是这种由政府集中供给的公共文化服务模式与国家的财政投入密切相关,可以说,国家和地方政府的投放决定了全国公共文化服务保障水平。二是政府领导的文化机构是公共文化服务的唯一提供方,提供什么,公众就只能接受什么,私人和其他社会团体举办公共文化活动是不被允许的。三是公共文化服务的供给效率不高,供给主体缺乏积极性,国家供给与民间需求之间差距较大。

1966~1976年,"文革"十年,各项工作中断,文化事业工作遭到全面的否定和破坏。

2. 由传统文化事业向公共文化服务转型(1978~2002年)

文化体制改革与改革开放相伴相生。1978年12月,中国共产党召开了十一届三中全会,实现了中华人民共和国成立以来我们党历史上具有深远意义的伟大转折,进入改革开放和社会主义现代化建设的历史新时期。伴随着经济体制改革,政治、文化和社会事业改革也不断向前推进。

对于文化事业而言,首先进行的是拨乱反正,恢复文化事业单位的职能,摒弃以阶段斗争为纲的文化范式,广泛开展公共文化服务工作。

伴随着经济体制转换,为了缓解国家公共财政支出的困难,同时也是为了搞活文化事业,国家开始允许一些文化事业单位从事生产经营活动。

1987年,国家出台政策允许文化事业单位利用自身场馆、设备、人员,在工商部门注册企业,开展有偿的公共文化服务,以弥补国家公共财政拨款的不足。博物馆、图书馆、文化馆等机构开始通过开店、办展、租房、售货等形式筹措经费。"以文补文""多业助文"等做法开始大行其道。

"以文补文""多业助文"活动增加了文化单位的收入,改善了公共文化服务条件,有力地支持了文化事业的发展。据文化部推算的数据显示,1987年,全国文化事业单位开展的经营活动营业额约为6亿元,纯收入约1.4亿元,相当于国家拨给文化事业经费的13.6倍。文化事业单位的经营活动给自身增加了收入,给传统的管理模式带来了生气,满足了群众的需要,在一定程度上形成了以群众需求为导向的文化生产、文化服务模式,促进了文化服务质量的提高。

在此基础上,1988年9月,文化部《关于加快和深化艺术表演团体体制改革的意见》中又正式提出"双轨制"的改革方向:将文化事业单位分为"由政府主办的"和"由社会主办的"两种,公益性的文化事业(公共文化服务)与经营性的文化产业分途发展的思路已经基本形成。

1992年,党的十四大提出了建立社会主义市场经济体制的总目标。文化及相关的产业列入第三产业,文化产业与文化事业的分野日渐明晰。

20世纪90年代以来,我国陆续加入和签署了《世界人权宣言》《经济、社会、文化权利国际公约》和《公民权利和政治权利国际公约》,积极参与国际文化交流,对外开放从经济领域逐步深入文化领域,从文化产业领域深入公共文化服务领域。

2002年,党的十六大报告中首次将文化发展分为"文化事业"和"文化产业"两个方面。2003年,全国文化体制改革试点开始,文化事业与文化产业"分类改革"的思路成型,文化事业单位改革作为文化体制改革试点的中心环节全面展开,文化产业从原有事业体制中剥离,获得了蓬勃发展,公共文化服务体系开始显示出其本来面目。关于文化体制改革的理论进一步深化,思路进一步清晰,方向进一步明确,方法更加细致,步骤更加具体。

3. 现代公共文化服务体系的建立与完善（2002年至今）

2005年10月，《中共中央关于制定国民经济和社会发展第十一个五年规划的建议》（以下简称《建议》）在党的十六届五中全会上获得通过。《建议》提出"加大政府对文化事业的投入，逐步形成覆盖全社会的比较完备的公共文化服务体系"。这是"公共文化服务体系"的概念首次见诸中央文件。这个表述也意味着，建设中国特色的"公共文化服务体系"已经正式进入决策视野。

2006年9月，《国家"十一五"时期文化发展规划纲要》发布。其中"公共文化服务"的内容专列一章，并被置于"文化产业"之前，占据了令人瞩目的优先地位。内容涉及完善公共文化服务网络、创新公共文化服务方式、健全公共文化服务组织体制和运行机制、维护低收入和特殊群体的基本文化权益，以及加强农村文化建设等一系列重要工作指向，相当具体详尽。2007年，党的十七大正式提出要建设"覆盖全社会的公共文化服务体系"，并将这一目标纳入到全面建设小康社会的体系中。

2011年，党的十七届六中全会又把"覆盖全社会的公共文化服务体系基本建立，努力实现基本公共文化服务均等化"作为2020年文化改革发展的重要目标之一，公共文化服务的发展路线更加清晰。

2012年，党的十八大将加快构建现代公共文化服务体系纳入全面深化改革的整体布局。2015年，《关于加快构建现代公共文化服务体系的意见》（以下简称《意见》）出台，与《意见》一同印发了《国家基本公共文化服务指导标准（2015—2020年）》对构建现代公共文化服务体系作出了全面部署。《意见》提出，到2020年基本建成覆盖城乡、便捷高效、保基本、促公平的现代公共文化服务体系。

在党中央重大决策和部署的指引下，《中华人民共和国公共文化服务保障法》《中华人民共和国公共图书馆法》《博物馆条例》相继颁布实施，我国的文化立法工作取得突破性进展，为公共文化服务体系的建设发展提供了法治保障。

三、文化产业与公共文化服务的协调机理

文化产业与公共文化服务，从本质上看是相互协同，相互促进的关系。其中相互协同是两者关系的应有形态，相互促进则是两者协同的共同目标。文化产业与公共文化服务的协同，是长期趋势的协同，不是在所有的时间、所有的区域都协同。"互联网＋"时代的到来，文化与科技深度融合，出现了新的文化产品和文化业态，同时也给公共文化服务的形式和内容带来了新的变化。在这样的背景下，在文化产业与公共文化服务资本、人才、技术、产品之间的互动越来越频繁，协同也将越来越紧密。

1. 文化产业与公共文化服务协调发展的基础

文化产业和公共文化服务价值目标相同、发展环境相近、主客体对象交叉、生产要素关联，这些共同构成了两者协调发展的基础。

（1）价值目标趋同。

文化产业与公共文化服务之间存在着共荣关系，这种共荣关系的基础首先来自价值目标的趋同。从宏观上看，"人民对美好生活的需求就是我们的奋斗目标"。在社会主义中国，发展壮大文化产业、提供公共文化服务其最终目的都是要繁荣社会主义文化，满足人民日益增长的文化需求，增进民生福祉。从中观上看，文化产业的发展目标是以市场为主要配置手段，满足社会系统中的各个群体所需要的文化需求，向社会提供优质的文化产品和文化服务，并在此过程中实现自身产值的增加，提高产业竞争力。市场供给之外，在公共文化服务方面，政府及有关部门提供公共文化服务以保障人民群众基本文化权益，这种保障重在保基本、兜底线、促公平，突出特点是体现公益性、基本性、均等性、便利性。从微观上，文化产业与公共文化服务都必须努力提供符合社会主义核心价值观、符合市场与社会需求的优质的文化内容，从而达成其价值目标。

（2）发展环境相近。

文化产业与公共文化服务发展环境相近。从长期来看，一个国家和区域的文化发展环境具一定的稳定性。不同地区的经济社会发展水平、现有的文化资源、人均收入水平、人民的生活消费水平在一定时间范围内是稳定的，当地政府实施的文化政策也是相对稳定的。

发展环境的相近还表现在时空上的关联性。在时间的关联方面，文化产业与公共文化服务的发展与时代的经济社会发展水平密切相关。中华人民共和国成立70周年，文化产业与公共文化服务走过了一个从分裂到逐步耦合的轨迹。空间上的关联性则是指文化产业和公共文化服务的协调发展往往都是在同一地区或者区域中产生的，或者说文化产业的集聚和公共文化服务的供给在某些区域具有明显的重合性。从某种意义上说，文化产业或者公共文化服务的辐射能力和辐射范围都是有限的，辐射范围决定了两者彼此能够协作的地域范围，而辐射能力则决定了协作范围的大小，空间上的耦合能够在一定程度上缩小交流协作成本，能够保障两者的协调发展。

（3）主客体交叉重叠。

文化产业与公共文化服务在主客体方面，双方互有交叉但又各有侧重。

文化产业的主体是文化企业，在生产、分配、交换、消费的各个环节文化企业既是市场主体，也是责任主体，既是生产主体，也是创新主体。文化企业的服务对象是消费者，以销售文化商品满足消费者的文化需求并获得经济效益为主要目标。不少文化企业也参与公共文化服务，通过参与政府招标采购或者直接提供人、财、物的支持是文化企业参与公共文化服务的重要形式。

公共文化服务供给的主体是政府等公共部门，政府作为供给主体是因为文化权利是公民的基本权利，以超低价或者免费的形式提供基础的文化产品和文化服务是政府的重要职能，它直接影响到政府的合法性和满意度。公共文化服务的对象是公民，其建设的重心放在基层和农村，着力解决人民群众最关心、最直接、最现实的基本文化权益问题。随着经济社会的发展，公共图书馆、博物馆、文化馆等开始试水产业化运营，通过市场动作经营获取收益，反哺于自身建设。此外，公共文化服务供给主体越来越多元，文化企业、社会组织、个人都参与到公共文化服务中来。

(4) 生产要素关联。

文化产业和公共文化服务发展所需要的生产要素存在着高度的关联性。生产要素,是经济学中的一个基本范畴,包括人的要素、物的要素及其结合因素。一般来说,生产要素包括劳动力、土地、资本、企业家才能四种。随着科技的发展和知识产权制度的建立,技术、信息也作为相对独立的要素投入生产。这些生产要素进行市场交换,形成各种各样的生产要素价格及其体系。

文化产业与公共文化服务的发展都离不开资本、人才、技术、基础设施等的支撑。从投资主体上看,国有企事业单位和民营企业都可以是文化产业的投资主体。在新闻、出版发行和版权、广播影视和文化艺术等领域,由于进入门槛较高,资本的构成一般是国有或者集体性质。在影视、广告、设计、娱乐等行业,民营资本的投资则越来越活跃。在公共文化服务领域,原本国有或者集体资本一家独大的局面正在被打破,越来越多的民营企业参与博物馆、图书馆、文化馆的建设;从人才供给和流通上看,文化产业与公共文化服务系统间的人才流动、交流也越来越频繁。从发展文化产业与公共文化服务所需的技术、信息条件来看,两者对技术和信息的要求也是相近的。这种生产要素的交叉重叠使得文化产业和公共文化服务的联系越密切,越有利于两者的协调发展。

2. 文化产业与公共文化服务协调发展的动力

(1) 政策驱动。

推动文化产业与公共文化服务协调发展是政府的重要职能。

由于历史原因,我国文化事业与文化产业的协调发展经历了一个由割裂到逐步协同的过程。

中华人民共和国成立到改革开放之前,我国实行的是高度集中的计划经济体制,在全国范围内,只有政府主导的集中统一的文化事业,不存在以盈利为目的的文化产业,一切公共文化服务均由政府提供。改革开放后,随着文化体制改革的深入,国家开始制定政策探索文化事业与文化产业的分类发展。这期间,文化事业单位开始了"以文补文""多业助文"的实践,国家对文化事业单位实行"双轨制"改革,以提供公共文化服务为主的公益性文化事业与以盈利为目的文化产业开始出现分野。

进入21世纪,我国文化产业快速发展,推进文化事业改革,构建现代公共文化服务体系的工作开始提上日程。

2005年,党的十六届五中全会首次提出"公共文化服务"的概念。2007年,《关于加强公共文化服务体系建设的若干意见》颁布,中央开始全面部署公共文化服务体系建设工作,意见要求大力发展影视业、出版业、发行业、印刷业、广告业、数字内容和动漫产业等重点文化产业,为公共文化服务提供坚实的产业支撑。充分利用市场机制的作用,引导文化资源向公共文化服务领域合理流动,拓宽选择公共文化产品的空间,增强公共文化服务效能。

2013年,党的十八届三中全会提出建立"现代公共文化服务体系"的目标任务。2015年,《关于加快构建现代公共文化服务体系的意见》颁布,意见明确指出,要推动文化事业和文化产业协调发展。

2017年3月,《中华人民共和国公共文化服务保障法》正式实施。以法律的形式明确规定"国家鼓励社会资本依法投入公共文化服务,拓宽公共文化服务资金来源渠道。国家采取政府购买服务等措施,支持公民、法人和其他组织参与提供公共文化服务"。

至此,我国现代公共文化服务体系建构的战略规划逐渐完备,制度框架基本形成。党的十九大报告指出,"要推动文化事业和文化产业发展,满足人民过上美好生活的新期待,必须提供丰富的精神食粮。要深化文化体制改革,完善文化管理体制,加快构建把社会效益放在首位、社会效益和经济效益相统一的体制机制。完善公共文化服务体系,深入实施文化惠民工程,丰富群众性文化活动"。

(2)科技驱动。

近年来,文化创新越来越多的从科技领域肇始,文化与科技的融合发展成为经济增长的新动力。大数据、云计算、人工智能、区块链等新技术进入文化领域,与文化产业紧密结合,并渗透到生产、传播、消费的各个领域,相辅相成、相互促进,成为推动文化产业转型升级的有力支撑。

科技创新同时给公共文化服务带来了新的要求。公共文化服务的提供主体必须适应时代的要求,更新技术手段,推出新的文化产品,优化文化服务,提高公共文化服务的效率,带给公众新的文化体验。

当前,科技创新已成为文化产业与公共文化服务相互融合渗透的重要领域。

科技渗透产业，使文化产业的新业态焕发出蓬勃生机，文化产业有关企业与博物馆、图书馆、文化馆等公共文化部门良性互动，共同开发公共文化资源、推动文化艺术的呈现方式、传播方式等产生颠覆性变化，最终实现文化科技创新。例如，用数字图像复活《清明上河图》，将静态的绘画转化为动态的影像，在2010年上海世博会期间大放异彩；2017年热播的《国家宝藏》节目通过传统文化与现代科技的巧妙结合，一改历史和文物的严肃面孔，将过去在博物馆束之高阁的传统文化，变得更加生动和亲切，引发了广大年轻人对中国传统文化的关注，也间接推动了文化旅游业的发展。

（3）市场驱动。

市场需求是驱动文化产业与公共文化服务协调发展的重要力量。

从宏观上看，文化产业的资金、技术、人才、产品流向公共文化部门，实现公共文化服务的多元供给，推动公共文化服务水平提高，也间接促进了文化产业的；另外，公共文化服务体系建立和完善催生了更加广阔的文化市场，带动了文化消费热潮，为文化产业的发展提供了良好的社会环境。

从微观上看，文化企业是以营利为目的经济组织。政府鼓励文化企业以多方式多领域参与公共文化服务，免费或优惠地为公众提供公益性文化服务。文化企业参与公共文化服务一方面可以盈利，另一方面还可以通过公益活动展现企业的社会形象，提高企业影响力。一般来说，文化企业可以通过直接投资建设公共文化机构，如兴建民办博物馆、陈列馆、图书馆等参与公共文化服务，也可以通过承接政府公共文化服务购买订单，通过承包、竞标等方式社会化运营公共文化设施参与公共文化服务；公共文化机构也需要与文化企业进行市场合作。公共文化机构虽然是公益性为主的社会组织，不以营利为目的，但仍然需要在政策允许的范围内募集资金，改善公共文化服务条件。公共文化机构可以直接从事文化产业运营，也可以与有实力的文化企业合作盈利。在市场机制下，文化企业与公共文化服务机构的协同，可以达到双方共赢的目的。

3. 文化产业与公共文化服务协调发展的路径

（1）文化产业影响公共文化服务的路径。

文化产业和公共文化服务存在着协调发展的基础，两者相互关联，互相影响，共同促进。文化产业对公共文化服务的影响主要体现在溢出效应方面。文化产业通过内容溢出、资本溢出、技术保障来影响公共文化服务。具体影响路径如图 3-1 所示。

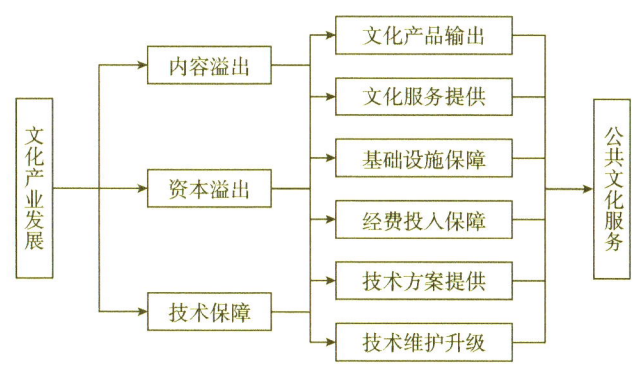

图 3-1　文化产业发展影响公共文化服务的路径

1）内容溢出。

内容溢出是文化产业作用于公共文化服务的重要途径。市场经济条件下，为了更好地满足不同群体的文化消费需求，文化企业通过市场定位、消费者细分与差异化营销等方式，提供着多样化、高品质的文化内容。

为了保证人们更好地享受文化权益，越来越多的政府倾向于直接向文化企业采购优质的文化产品和文化服务，并将这些文化产品以免费或者低价的形式提供给公众。向政府提供文化服务已成为文化企业建立良好的公众形象、经营获利的重要途径。一般来说，政府公共文化服务的采购范围包括：公益性文化产品的创作与传播（如公益性舞台艺术、公益性广播影视作品、公益广告等），公益性文化活动的组织与承办（如公益电影放映、公益文化艺术活动承办、全民阅读推广等），优秀传统文化的保护、传承（如文化遗产、民间艺术的传承等），公共文化设施的运营和管理等（如图书馆、博物馆、美术馆的运营与管理）。

文化产品和文化服务要成为政府采购的对象，在内容上首先要符合国家对意识形态的要求，必须坚持先进文化的发展方向，必须遵循社会主义核心价值观的要求。其次，文化内容应符合消费者的精神文化需求，在形式和内容上达到和谐统一；承接政府订单的服务主体，要具备向公众提供公共文化服务的能力，并依法在工商管理等主管部门登记注册；各地政府要结合公众实际需求，明确购买公共文化服务的条件、标准，通过公开招标等程序科学选定承接主体。

2）资本溢出。

文化企业通过市场途径的发展能够带来资本的积累，资本积累之后一方面可以用于扩大生产规模进行再生产，另一方面，资本的积累就意味着向公共文化服务相关领域投资机会的增多。近年来文化企业投资公共文化服务领域，参与公共文化建设正在成为一种风尚。

以博物馆行业为例，博物馆采用"公办民助"模式合办馆正在成为一种风尚。所谓"合作办馆"就是，在不改变国有藏品所有权属性及馆舍土地使用性质的前提下，允许符合条件的非国有博物馆依法参与国有博物馆基础设施建设与运营管理、提供专业化服务。在"公办民助"模式下，在县级新建博物馆中探索多元主体"合作办馆"模式。除了"公办民助"，还有"民办公助"模式，许多地方政府相继出台办法吸引社会资本参与公共文化基础设施建设，鼓励社会力量建设民办博物馆、图书馆、美术馆等公共文化设施，鼓励社会力量通过主办、承办、协办、冠名等方式参与公共文化活动，通过竞标等方式参与政府投资文化设施的运作。中共中央办公厅、国务院办公厅印发的《国家"十三五"时期文化发展改革规划纲要》，提出全面深化文化体制改革，推进文化体制创新。推广政府和社会资本合作（PPP）模式，允许社会资本参与图书馆、文化馆、博物馆、剧院等公共文化设施建设和运营。

文化产业助力公共文化服务发展。坚持文化产业与文化设施同步开发。实行"捆绑式"招商，确保企业获利的同时，配套建设公共文化设施。坚持文化盈利与公益服务同步发展。采取"搭便车"方式，鼓励文化企业开展与经营相关的公共文化服务。坚持文化服务供给与文化消费引领同时兼顾。

3）技术保障。

文化产业必须通过文化创新业实现自身的发现，随着文化与科技的整合，文化创新越来越依赖新技术的应用。新技术应用于文化领域，可以转化成专利、技术等。公共文化服务的发展也离不开技术创新，但受制于体制机制方面的障碍，以及财力、人才诸多因素的现实困难，公共文化服务在新技术的应用方面存在着一定的滞后性。文化产业的存在刚好可以解决公共文化服务发展过程中面临的技术瓶颈,为公共文化服务的发展提供强大的技术支撑。近年来,国内公共博物馆、图书馆、文化馆等公共文化机构软硬件升级加快,带给观众全新的美好体验。以博物馆为例,随着"图像虚拟""增强现实"技术的应用推广,原本在橱窗里面的文物,正通过技术手段拉近到人们眼前。除可以全方位360度观看文物外,人们甚至可以通过3D打印的高仿真复制品,感受文物的重量、材质、纹理。可以说,新技术的应用能够切实满足公众的多种需求,使公众能更便捷、更直观、更高效地享受到公共文化资源,是完善公共文化服务体系的重要举措。

(2) 公共文化服务影响文化产业发展的路径。

文化产业可以通过资本溢出、内容溢出、技术服务等对公共文化服务的发展产生影响,反过来,公共文化服务保障水平的提升也将作用于文化产业。本书依据公共文化服务的发展特点,认为公共文化服务作用于文化产业发展的路径主要有三条,分别是文化环境培育、文化资源供给和价值导向优化,具体影响路径如图3-2所示。

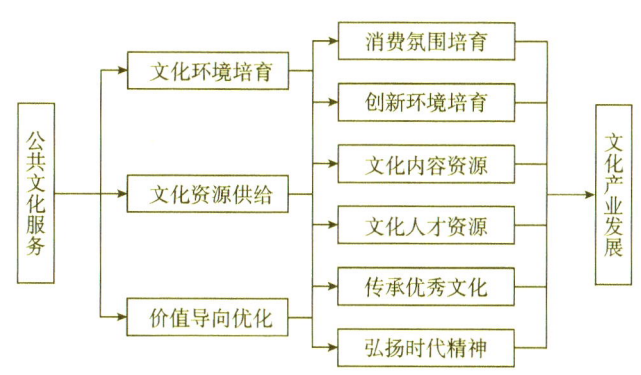

图3-2 公共文化服务影响文化产业发展的路径

1) 文化环境培育。

从长期来看,发展公共文化服务,培育文化消费环境和消费习惯可以间接促进文化产业的发展,主要有两个方面:一个是对文化消费环境的培育,另一个是对文化创新环境的培育。公共文化服务的保障水平,将为地区塑造更好的文化氛围,好的文化氛围一方面能够带动更好的文化消费力,另一方面也会提升地方的文化创新力,进而推动当地文化产业的发展。

按照宏观经济学开创者凯恩斯(John Maynard Keynes)的"需求决定供给"理论,公众对文化产品和文化服务的需求决定了文化产业的发展,扩大文化内需是文化产业发展的必要条件。

凯恩斯认为,需求不足时,国家应该创造需求来维持经济增长。国家可以通过购买公共文化服务直接带动文化产业的发展,也可以通过开展公共文化服务活动影响文化产业的资源配置和供给。主要表现在:首先,国家可以直接利用财政资金,以招标采购、服务外包、定向补助等形式购买公共文化服务,引导市场力量参与公共文化产品创作、公共文化服务提供、公共文化服务设施运营。政府将公共文化服务转移到市场中,为文化企业提供了市场机会,从需求侧拉动了文化产业的发展。其次,国家通过对公共文化机构的投资,扩大公共文化服务设施的规模,改善公共文化服务设施环境,促进公共文化服务均等化,对公共文化服务产品进行补贴等措施,培育公众的文化消费习惯,提升公众的文化审美素养,而公众文化素质的提高,又带来了区域文化创新能力的提高。

2)文化资源供给。

公共文化服务领域可以为文化产业的发展提供文化内容资源与文化人才资源。公共文化机构管理和掌握着大量的文化资源,这些文化资源束之以楼台高阁,是对公共文化资源的浪费,不利于公共文化服务的开展,也不利于优秀文化的传播。近年来,越来越多的公共文化机构与文化企业合作开发文化资源,打造IP,起到了非常好的效果。

人才是生产力中最活跃的因素,文化产业的发展,越来越依赖于文创人才的培育、集聚以及创新。我国的公共文化机构自身储备了大量的专业人才,同时也为文化产业发展培养和输送人才。公共文化机构在经营过程中通过实习培训、与高校企业合作等方式培养了适用于文化产业发展的创新型人才,这正是文化产业创新发展的催化剂。对应于技术的发展,人才的培养也可以分为两种类型,一种是管理人才,一种是专业技术人才,共同推动文化产业的产品创新和服务创新,从而共同推动文化产业的发展。

3）价值导向优化。

文化产业的发展必须要坚持正确的价值导向。文化企业生产经营的主要目的就是获得利润。在经营过程中，文化企业一方面要主动承担起社会责任，将社会效益放在第一位；另一方面，文化企业还必须考虑市场需求，充分迎合消费者的喜好，获取利益。必须承认，在当前的文化市场上，还存在着部分格调不高，甚至低俗、媚俗的文化产品。这些文化产品偏离了社会主义核心价值观，影响了大众的审美体验，对社会风气和公序良俗起到了很坏的作用。

发展公益性文化事业，开展公共文化服务，是文化生态平衡和文化价值导向优化的重要路径。公共文化服务的发展有助于优化文化产业的价值导向，提高文化消费者的审美情趣、提升文艺工作者的政治素养，引导文化产业业界人士自觉把优秀正确的价值观贯穿于文化需求创造中。这种价值导向优化与传统意义上的利用"看得见的手"进行市场监管不同，是从源头上对文化产业的价值导向进行引导①。在公共文化服务的发展中，主流文化价值具有中心性、统摄性、同一性，使其具有强烈的意识形态色彩，占据主导地位，承担着其控制领域内的文化监护和文化培育的权利和责任②。

文化是铸造灵魂的工程，文化工作者要主动承担起以文化人、以文娱人的社会责任，能过创作和传播有正能量、有感染力、能够温润心灵、启迪心智的优秀作品，弘扬社会主义核心价值观，描绘好时代画卷，宣扬好民族精神。

要坚持价值观自信，夯实文化自信的现实基础，发掘优秀传统文化中的宝贵资源，繁荣文化事业，推动公共文化服务体系的建立和完善，更要积极创新当代文化，以发达的文化产业为支撑、以正确的价值导向为引领，提高国家的文化竞争力③。

4. 文化产业与公共文化服务协调发展的影响因素

影响文化产业与公共文化服务协调发展的因素主要有地方经济发展水平和文

---

① 占绍文，陈小彤. 公共文化服务供给对文化产业发展影响的实证分析——基于陕西省十大地级市数据的分析[J]. 四川戏剧，2018（3）：151-156.
② 曹爱军. 公共文化服务：理论蕴涵与价值取向[J]. 湖北社会科学（6）：42-44.
③ 范玉刚. 文化产业：文化自信的现实基础[J]. 甘肃社会科学（5）：7-14.

化消费水平、文化资源开发、文化产业与公共文化服务投入、文化体制改革进展、文化人才供给等。

(1) 经济发展水平与文化消费水平。

经济发展水平与文化产业和公共文化服务的发展水平密切相关。

文化消费水平是关于一定社会条件下人们文化消费能力所达到的一种程度性标志。它同一定社会文化生产力发展水平相关，同时更体现出一定社会历史条件下人们的精神和审美需求所达到的境界。如果说，经济发展水平规定了文化消费水平的量的实现程度的话，那么，社会文化生产力发展水平则体现了文化消费水平所达到的质的高度。

近年来，我国居民的文化消费水平增长很快。国家统计局消费类别数据显示，2017年全国居民人均教育文化娱乐消费支出2086元，增长8.9%，占人均消费支出的比重为11.4%，排在食品烟酒、居住、交通通信之后，位列八大类消费支出的第四——该排位虽与2016年相同，但占人均消费支出的比重增加了0.2个百分点。据专家预测，我国文化产品和服务的消费缺口仍然不小，根据对"十三五"期间文化消费预测，到2020年全国文化消费需求总量将达16.65万亿元。此外，文化产品和服务不仅在数量上存在不足，质量方面也有很大提升空间。供给侧结构性矛盾仍然突出，"产能过剩"和"库存积压"现象并存。

我国东、中、西部和东北地区居民的文化消费差异显著，东部地区居民文化消费的发展水平最高，东北地区最低。分地区居民人均文化娱乐消费水平差距较大。2017年上海地区3008元，北京地区居民人均消费2395元，西藏地区人均支出仅157元。不同地区间文化消费水平的差异有多种多样的原因，如地区间经济发展水平不同、自然条件不同，以及经济发展的不平衡。

文化消费水平内含文化消费品或服务的数量和质量两个方面，提高文化消费水平，既指量的增加，又指质的提高。只有数量的增加，而无质量的提高，不可能大幅度提高文化消费水平①。

要推进文化消费习惯升级、产业链各环节的完善；树立互联网思维，运用大数据等捕捉消费者心理和习惯；推动文化产品从单一向多元、从传统向现代转型

---

① 江奔东. 文化产业经济学 [M]. 济南：泰山出版社，2008：360.

升级，提高文化产品附加值与竞争力。共同搭建平台，在文化企业之间、企业与消费者之间形成交流、互动和共享的氛围，实现产业发展的共生效应和集聚效应。

（2）文化资源开发。

一般而言，文化资源是指"具有文化特征和人类进步活动痕迹的具有人文和传统价值的一类资源"①。

目前，学界对文化资源的分类还没有形成统一的标准，但普遍认为文化资源对于文化产业的发展有重要意义。丹增认为，文化资源从形式上可以划分为有形文化资源（如历史遗存遗址、特色民居建筑、历史文化名城名镇、特色服饰、民族民间工艺品等）和无形文化资源（如语言文字、文学艺术、绘画美术、音乐舞蹈、神话传说、风俗习惯、民族节庆等）；在内容上可以从历史、民族、宗教、区域等角度划分成历史文化资源、民族文化资源、乡村文化资源等；从文化资源开发的角度，可以划分为可开发资源和不可开发资源等。此外，常见的分类方法还有结构分类法主题分类法、形态分类法和物质分类法等②。

文化资源是区域文化产业和公共文化服务发展的重要条件。区域文化资源的丰裕度和开发情况是该地区文化产业比较优势的组成部分。我国东部地区文化资源类型丰富，底蕴深厚，开发程度高，依托文化产业的发展优势衍生出多种业态。

中西部地区虽然经济不如东部发达，但有多彩的少数民族文化、优良的自然风貌、保存完好的乡村和古镇，这些都成为今天的"稀缺资源"。但是文化资源转化能力弱，许多文化资源还沉睡在箱底，如何把"资源"变成"财富"，通过发展文化产业创造新的美好生活，是中西部地区亟待解决的问题。

文化资源是文化产业发展的重要因素，但不是唯一因素。文化资源优势不能转化为产业优势。出现这种情况的原因主要是文化人才创造力不足，已有文化体制改革过展缓慢，国有文化企业控制了地方大多数的文化资源，跨区域流动困

---

① 冯子标，焦斌龙. 分工、比较优势与文化产业发展 [M]. 北京：商务印书馆，2005：275.
② 袁涛. 江苏省文化产业创新路径研究 [M]. 北京：经济日报出版社，2018：49.

难,造成文化资源转化率不足①。

(3) 文化产业与公共文化服务投入。

政府和社会力量对文化产业与公共文化服务的投入是影响两者协调发展的重要因素。

文化产业方面,我国文化产业固定资产增长很快,数据显示,2017年全国文化、体育和娱乐业固定资产投资达8732亿元,比上年增长12.9%。其中民间文化、体育和娱乐业民间固定资产投资达4541亿元,比上年增长13.9%。在公共文化服务方面,公共文化事业经费的投入区域差异也比较大。近年来,财政部积极落实文化项目的各项扶持政策,中央财政加大对地方财政的补贴力度。2013年,中国中央对地方文化项目补助资金为36.55亿元,2018年,中国中央对地方文化项目补助资金为50.51亿元。中国政府在文化事业发展方面,继续探索政府购买服务的模式,充分调动社会各类文化机构提供公共文化服务的积极性。设立财政专项,推动中国文化事业的发展,2018年,全国文化事业费增长为928.33亿元,增长速度较快。总体上看,党的十八大以来,在国家政策的引导下,我国文化产业与公共文化服务财政支出向中西部边疆地区和民族地区倾斜趋势明显,区域投资差距逐步缩小。

从投资主体上看,多元化的投资是文化产业与公共文化服务发展的重要保障。文化产业投资主体中,政府投资所占的比重正在逐年下降。在2017年文化产业固定资产投资实际到位资金中,国家预算资金所占比重为5.1%、国内贷款占7.1%、利用外资占0.4%、自筹资金占81.6%、其他资金占5.8%。我国东部地区文化资本市场发展成熟,在文化与资本的融合上做了很多有益的探索,如北京、上海等城市已经开启了文化产业项目的资产证券化试点,还出台了小微文化企业融资方案。与东部地区相比,我国中西部地区还存在投资主体比较单一、投资渠道主要依靠政府、社会化投资不活跃、投资方式简单粗放等问题。

当前,国家出台政策促进金融支持文化产业振兴,大力发展多层次资本市场,促进文化产业区域协调发展,鼓励东部地区同中西部地区开展文化产业合作

---

① 唐月民,戴雯雯. 机遇、困境、路径:文化资源与区域文化经济增长[J]. 云南开放大学学报(2):16-20.

和帮扶,支持文化企业在西部地区投资文化产业,一系列政策利好给文化产业与公共文化服务的发展带来了新机遇。

(4) 文化体制改革进展。

推行文化体制改革,健全区域文化管理架构,增加文化产业活力,提升公共文化服务效能,是促进文化产业与公共文化服务协调发展的重要举措。

在我国经济较为发达的一线城市,较早开展了文化体制改革的探索。政府职能转换也较为顺畅,较早理顺了与企业之间的关系,赋予国有文化企业更多的自主权,对民营文化在文化立法、文化监管、缩减文化市场办事流程,精简审批程序等方面都走在国内其他城市的前列。要推动文化企业建立现代企业制度,做到产权清晰,权责明。要在坚持竞争中性原则的前提下制定政策、出台措施,努力营造公平公正的市场竞争环境。要消除所有制歧视和企业规模歧视,提高企业投资者和经营者的积极性,焕发市场活力①。

在广州,早在21世纪之初以《广州日报》《南方都市报》为代表的报刊就通过集团化经营实现了由事业化经营向市场化经营的转变。经过改革,报业集团成为文化产业领域的新型市场主体,文化生产的积极性得到了极大提高。从20世纪90年代初期,湖南省就开始推动广播电视业务的改革,从新闻节目入手推出制片人制度,以特区和台长竞聘的方式推动设立湖南经视,将文化事业与文化产业的部分剥离出来,推行局台分离、管办分离,2018年新的湖南广播影视集团正式成立。2019年,第15届中国文博会上,湖南广播影视集团旗下两家上市公司芒果超媒、电广传媒双双进入"全国文化企业30强"行列,成为全国唯一一家旗下有两家企业双双入列30强的文化集团。

对文化事业单位进行分类改革,是增加文化产业发展活力的重要手段。对文化事业单位进行分类改革、依类施策,重点对不同类别文化事业单位的人事任免、收入分配、经费预算和社会保障等方面进行改革。例如,对于少年宫、文化科技馆和公共图书馆等公益一类文化事业单位,政府需要实行法人治理和理事会制度;对于广播电视、党报期刊、时政新闻报社、党务社交新媒体和公益文化产品出版社等公益二类文化事业单位,政府需要提供资金补贴和政策扶持,激发其

---

① 厉以宁. 简政放权与培育自主经营的市场主体 [J]. 行政管理改革, 2000 (9): 10 – 16.

工作热情和活力。政府需要提倡文化创新，重点支持原创作品和文化精品，引导文化艺术创作者坚持以人民为中心进行文化创作，推进不同文化艺术门类的精品创作工程建设。推进文化产业与文化事业队伍建设，健全文化产品赏析、评鉴和激励体系，制定定量指标与定性感官评价结合的文化艺术鉴定方法，科学准确地品鉴文化产品的艺术水准和社会价值。

与东部地区相比，我国中西部地区部分省份在推进文化体制改革，破除体制机制束缚方面还需要做更多的工作。主要存在以下四个方面的困难。一是思想认识不足。主要表现在对文化体制改革的重要意义认识不足、对文化产业与公共文化服务发展的规律认识不足、对发达地区文化发展的经验学习不足，这些不足导致西部地区文化发展的滞后。二是基础条件限制。中西部地区拥有丰富的文化资源，但是从整体上看，其经济社会发展水平与东部地区特别是一线城市还有较大差距，文化发展面临财力物力不足的难题，影响到文化体制改革的整体推进。三是文化体制改革缺乏人才支撑。中西部地区文化的发展存在引人难、留人更难的问题，文化产业人才向一线城市流动的趋势长期存在。高等教育的发展还不充分，文化产业毕业生数量少，实践能力不足，知识结构有待优化。四是文化体制改革面临的阻力大。改到深处是产权，改到难处是人员。文化体制改革不但要消除体制机制上的障碍，也要消除思想观念上的阻力，做到思想不乱，人心不散，工作不断，这些都是难点所在。

（5）文化人才的供给。

文化人才供给的数量与质量已经成为影响区域文化产业与公共文化服务协调发展的重要因素。

人才学家薛永武（2000）① 认为，人是最重要的文化形态，人才美是最高的社会美，人才是实行文化强国梦的重要引擎和关键要素。要实现文化强国梦，就必须紧紧抓住人才这个核心要素，把人力资源转化提升为人才资源。

文化产业属于"内容产业"，其源泉在于创作，根本在于人才。随着经济转型升级步伐加快，我国文化产业人才供给的结构性矛盾日益凸显，高端、复合型人才、专业型人才匮乏，人才培养体系仍不健全，东、中、西部地区在文化产业

---

① 薛永武. 西方美学论稿[M]. 济南：山东文艺出版社，2000：367.

人才体制、人才政策、人才待遇方面差距较大。文化人才供给不平衡，北上广深等一线城市对文化产业人才产生了虹吸效应，文化产业人才呈现出聚集态势。中西部地区人文化产业人才流动性强，以传统文化产业人才居多，在人才引进方面，力度不大，文化产业的发展受到制约。

随着中国公共文化服务体系的建立和完善，我国公共文化服务人才供给与需求的矛盾也日益突出。这一矛盾在公共文化服务作为民生工程向基层推进、向农村推进的过程中显得特别突出，矛盾主要表现在以下三个方面：一是人才总量不足，公共文化服务人才尤其是基层人才缺口越来越大；二是专业人才比例偏低，博物馆、图书馆、文化馆等机构专业技术人才比例偏低、现有人才专业性不强，影响了公共文化服务效益；三是公共文化服务领域部分人才出现断档现象，一些传统文化技艺后继乏人，值得警惕。

文化生产的主体是人，发展高等教育，抓好文化人才培养，将是我国培育文化产业比较优势、提高公共文化服务保障水平的根本举措。此外，还要通过深化实践中的技能培训来提升文化人才的专业素质；遗憾的是，我国高等教育体系中文化人才培养存在着与社会需求脱节的迹象，存在着重营销、轻创意、重管理、轻技术的现象，文化科技人才供给不足，质量也有待提高，在动漫、游戏、影视后期、创意设计、工艺美术等行业高水平的文化科技创新人才尤其紧缺。

研究发现，文化人才有不断集聚的趋势。一个城市文化产业集群化程度越高、公共文化服务工作开展得越好，对各类文化人才的吸引力就越强，流入产业职业分布就越广泛。我国东部地区文化及相关产业起步早，发展充分，产业门类较为齐全，文化人才集聚优势明显。同比之下，我国中西部省份文化及相关产业从业人数较少，门类分布不太合理，主要分布在传统文化业态，从业者所学专业与从事专业契合度不高，成为制约地方文化产业发展的一大障碍①。

---

① 石建莹，李茜，张雅丽等. 西部文化创意产业人才队伍建设现状调研分析 [J]. 陕西行政学院学报（2）：18–23.

四、本章小结

本章的研究内容共有三部分,第一部分研究了中国文化产业的发展历程和发展现状,第二部分研究了中国公共文化服务的发展历程和发展现状,第三部分从协调发展的基础、协调发展的动力、协调发展的路径等角度分析了文化产业与公共文化服务的协调发展机理。对中国文化产业与公共文化服务协调发展情况的分析为后文的研究奠定了基础。

第四章　文化产业与公共文化服务发展水平测算与分析

本书研究中国公共文化服务与文化产业的协调发展，在展开实证分析之前，需构建公共文化服务和文化产业的量化指标集，明确省域公共文化服务与文化产业的发展水平，本书采用综合指数法来测算公共文化服务和文化产业发展水平。综合指数评价的基本步骤包括根据研究目的设定指标体系、计算公共文化服务和文化产业发展指标的权重、数据的标准化处理、综合指数的计算和分析。

一、指标体系的构建

1. 指标体系构建的原则

对文化产业与公共文化服务的发展进行评价，确定好评价指标是一项基础工作。指标之所以重要，是因为评价指标的选取决定了整个评价体系的合理性、科学性及最终的结果。文化产业作为一种新的经济形态，不同国家地区对文化产业的内涵有着不同的界定，统计指标缺乏统一的规范。在中国，公共文化服务的发展统计指标也在不断地调整完善。为尽量充分客观地展示一定时间内区域文化产业与公共文化服务的发展水平、重心迁移情况、耦合协调情况，在选取指标时需要遵循如下原则：

第一，全面性原则。按照2018年国家统计局的分类标准，我国文化及相关产业分为三个层次，9个大类，43个中类，146个小类，覆盖领域众多。公共文化服务涵盖公共图书馆、博物馆、文化馆、文化机构数、文化艺术活动以及公共广播、公共电视等指标，在选取评价指标时不可能穷尽所有指标，必须从系统全面的角度去考虑，力求从整体上多侧面地反映文化产业与公共文化服务的发展水平。

第二，权威性原则。评价指标的数据来源一定要准确、权威。可以从各类官方统计年鉴中提取资料获得直接数据，也可以在获得权威数据后通过计算得到需要的数据。数据的来源决定了指标的客观性与准确性。

第三，可比性原则。所谓可比性，主要是指在总体范围内有一致性。本书着眼于区域文化产业、公共文化服务发展间的比较，因而，所选取的指标统计方法必须一致，计算量度和计算方法必须一致，只有这样，才有可能进行区域间横向、纵向的比较和分析。在数据实际收集过程可能会存在某个或某些指标的数据有缺失、不易获取等情况，因此在实际的指标选取中还要考虑数据的可获得性，不断调整评价指标。

第四，代表性原则。文化产业与公共文化服务发展评价影响因素多，可选择范围广，呈现一定的时间变化性，又加之评价过程的不确定性，容易陷入为追求全面性而导致指标选取无代表性的窘境。因此，指标选取应以代表性为原则，选取根本性的指标，使得评价体系简单明了，具有较强的代表性构建指标体系，要尽量选择简单明了的指标，容易理解，与反映的内容之间有直接关系，而且要尽量用较少的指标反映较多的内容。

第五，层次性原则。即指标体系自身的多重性，由于文化产业和公共文化服务发展的多层次性，指标体系也是由多层次结构组成，反映出各层次的特征。能从不同方面、不同层次反映评价主体的实际情况。

第六，动态性原则。文化产业与公共文化服务的协调发展需要通过一定时间尺度的指标才反映出来。因此，指标的选择要充分考虑到动态的变量。

2. 文化产业和公共文化服务指标体系

在展开实证分析之前，需构建文化产业和公共文化服务发展的量化指标集。

依据《中国统计年鉴》《中国文化及相关产业统计年鉴》《中国文化文物统计年鉴》以及各省区市统计年鉴,并参考文化和旅游部、中国非物质文化遗产网、中国互联网信息中心公布的统计数据,在借鉴了顾江等(2012)①、郝挺雷(2017)②、傅利平等(2013)③、李娟等(2016)④、等构建的指标体系的基础上,考虑到数据的全面性、权威性、可比性、代表性、动态性,本书从产业基础、产业投入、产业效益三个方面构建文化产业的指标体系,从公共文化服务投入、服务内容、服务效益三个方面构建了公共文化服务的指标体系。

文化产业的量化指标由产业基础、产业投入和产业效益三个一级指标构成(见表4-1)。

表4-1 文化产业发展指标体系

一级指标	二级指标	单位	数据来源
产业基础	国家级非物质文化遗产代表性项目数	个	《中国统计年鉴》
	人均文化娱乐消费支出占居民人均消费支出比重	—	文化与旅游部
	每十万人口高等学校在校生人数	万人	《中国统计年鉴》
	分地区互联网普及率	—	中国互联网信息中心
产业投入	文化、体育和娱乐业法人单位数	件/套	《中国统计年鉴》
	文化、体育和娱乐业全社会固定资产投资	亿元	《中国统计年鉴》
	文化及相关产业从业人员占全部从业人员比重	—	《中国统计年鉴》
	有线广播电视传输干线网络总长	万千米	《中国统计年鉴》
产业效益	文化产业增加值占GDP比重	—	《中国统计年鉴》
	数字电视用户数	万户	《中国统计年鉴》
	图书新出版种数	种	《文化与相关产业统计年鉴》
	分地区广告经营额	万元	《中国统计年鉴》

---

① 顾江,高莉莉. 我国省际文化产业竞争力评价与提升——基于31省市数据的实证分析 [J]. 福建论坛(人文社会科学版),2012(8):5-11.
② 郝挺雷. 科技创新视域下我国文化产业竞争力研究 [D]. 武汉:华中师范大学博士学位论文,2017.
③ 傅利平,何勇军,李小静. 城市公共文化服务的综合评价模型 [J]. 统计与决策,2013(16):39-41.
④ 李娟,梅国宏. 公共文化服务水平评价指标体系的构建 [J]. 华北理工大学学报(社会科学版),2016,16(5):73-79,83.

(1) 产业基础包括4个二级指标：国家级非物质文化遗产代表性项目数、人均文化娱乐消费支出占居民人均消费支出比重、每十万人口高等学校在校生人数以及分地区互联网普及率，数值越大，表明基础条件确立的越好。其中，国家级非物质文化遗产数是指国务院先后于2006年、2008年、2011年和2014年公布的四批国家级项目名录，共计1372个国家级非物质文化遗产代表性项目，按照申报地区或单位进行逐一统计，代表了一个地区文化资源的丰富程度。非物质文化遗产和文化旅游、文创开发、文化研究密切相关，能带动相关产业发展。人均文化娱乐消费支出占居民人均消费支出比重是与恩格尔系数相类似的表明民众精神消费的指标，该指标越高说明人们越看重文化在日常生活中的重要性。

每十万人口高等学校在校生人数代表一个国家高等教育的发展水平，只有人力资本的积累量越高，后续文化产业发展的底蕴才越深厚，是一个国家文化产业发展的源泉，数据表明得益于高等教育扩招及相关政策的指引，高等学校在校生人数从2008年到2017年增长了14.82%。数据显示，我国普通高等学校在校学生数近年来增长迅速。1999年，我国普通高等学校在校生数为413.4万人，2018年，在校生人数已达2831.03万人。在校研究生人数也由1999年的23.35万人，增加到2018年的273.13万人。随着文化与科技的深度融合，互联网普及程度已经成为制约文化产业发展的重要因素。信息时代，越来越多的资源传播及储存是在云端，所以一个地区的网络普及率也是文化产业顺利发展的必备条件。分地区互联网普及率主要说明该地区的互联网普及及使用程度，省份数据显示，我国互联网普及率区域差距明显，普及率最高的是北京市，可以达到78%；最低的是云南，但也达到了41%，10年间增长了45.61%，一直呈较快的追赶态势。

(2) 产业投入包括4个二级指标：文化、体育和娱乐业法人单位数，文化、体育和娱乐业全社会固定资产投资，文化及相关产业从业人员占全部从业人员比重，以及有线广播电视传输干线网络总长。其中文化、体育和娱乐业法人单位数是文化产业发展程度的重要表现，法人单位数增加得快代表文化产业发展活跃度高。近年来，随着我国文化体制改革的深入，以及各级政府"放、管、服"工作的快速推进，企业的营商环境不断优化，市场准入门槛进一步放宽，文化及相关产业法人单位数量实现了迅速增长。文化、体育和娱乐业全社会固定资产投资额与法人单位相同，投资量增长迅速，2017年文化产业固定资产投资额3.8万亿元的投资额，是2008年的5.8倍。数据显示，2013~2017年文化产业固定资产投资额年均增长达到19.6%。投资作为拉动经济增长的"三驾马车"之一，对于文化产业发展的重要作用不言而喻。有线广播电视传输干线网络总长是国家有关部门铺设的有线电缆，反映了国家和地区文化产业基础设施完善程度。我国广播电视传输业务由国务院、广电总局牵头规划，以中央、省、自治区、直辖市为单位四级组建公司，地（市）、县相应建立分公司或子公司进行统一经营管理，建立覆盖本地范围的电视台、无线传输部门和有线电视网络公司，将广播电视节目带进千家万户，极大地丰富了人民群众的文化生活。近年来，为迎接来自互联网的多重挑战，我国有线电视网络正在积极进行数字化、双向化改造。

（3）产业效益包括4个二级指标：文化产业增加值占GDP比重、数字电视用户数、图书新出版种数和分地区广告经营额。文化产业增加值占GDP的比重，代表了区域文化产业的发展程度，同时也反映出文化产业为地方经济增长起到的明显贡献。2018年我国文化产业实现增加值38737亿元，文化产业增加值占GDP比重为4.30%，在国民经济中的占比逐年提高，文化产业对GDP增量的贡献率为5.5%，文化产业逐步发展成为支柱产业。

数字电视用户、新出版图书种类及广告经营额都代表了文化产业的具体的产出指标，以上三个指标各有118.75%、10.57%和263.05%的增长，增长速度较快。数据显示，随着全国有线电视数字化改造、有线电视网络双向化改造的大力推进，数字用户、双向用户占比继续提高。2015~2017年，全国双向数字电视实际用户大幅增长，年均用户增长规模近1000万户。与数字电视用户数相比新出版图书种类增长速度要慢一点，这与大众阅读习惯的改变有关，也与电子书的快速发展有关，新出版图书数反映了国家和地区的文化创新力，是文化产业IP的重要来源。广告经营额的数据除能反映广告行业的发展外，还是整个文化产业的晴雨表，能够较全面地反映整个文化产业的发展状况。

公共文化服务的量化指标则由服务投入、服务内容和服务效益三个一级指标构成（见表4-2）。

中国文化产业与公共文化服务协调发展研究

表 4-2 公共文化服务指标体系

一级指标	二级指标	单位	数据来源
服务投入	公共预算文化体育与传媒支出占总预算支出比	—	《中国文化文物统计年鉴》
	人均文化事业费	元	《中国文化文物统计年鉴》
	每百万人拥有公共图书馆数量	所	《中国文化文物统计年鉴》
	每百万人拥有博物馆数量	所	《中国文化文物统计年鉴》
	每百万人拥有群众文化机构数	个	《中国文化文物统计年鉴》
服务内容	每百万人拥有博物馆藏品套数	套	中国文化文物统计年鉴
	人均图书馆藏书量	册	《中国文化文物统计年鉴》
	每万人群众文化机构组织群众文艺活动数	次	《中国文化文物统计年鉴》
	广播节目综合人口覆盖率	—	《中国文化文物统计年鉴》
	电视节目综合人口覆盖率	—	《中国文化文物统计年鉴》
服务效益	博物馆参观人次	万人次	《中国科技统计年鉴》
	公共图书馆总流通人次	万人次	《中国科技统计年鉴》
	艺术表演场馆观众人次	千人次	《中国教育统计年鉴》、省（区市）统计年鉴
	文化文物部门所属机构收入	元	教育部网站

（1）服务投入包括 5 个二级指标：公共预算文化体育与传媒支出占总预算支出比、人均文化事业费、每百万人拥有公共图书馆数量、每百万人拥有博物馆数量以及每百万人拥有群众文化机构数。公共预算中文化体育与传媒支出占总预算支出的比越高表明财政对于文化服务的支出比例越高，直观表明政府对于公共文化服务的重视力度；人均文化事业费是指国家用于发展社会文化事业经费的人均支出，主要有：国有博物馆、图书馆、艺术馆、纪念馆、文艺团体以及新闻、通信、广播、电视、出版等部门的经费拨款，该项费用由 2008 年的 18.68 元增长到 2017 年的 61.56 元，增速达到 2.29 倍，由此可知，国家对文化服务的重视程度在不断提高。公共图书馆和博物馆是国家公共文化体系的重要组成部分，在传承人类文明、保护文化遗产、普及科学技术、传播知识信息、开展社会教育方面发挥着重要职能。公共图书馆和博物馆的数量、藏品（书）套数、活动开展情况是反映一个国家和地区公共文化事业建设水平的重要指标。群众文化机构（文化馆、综合性文化中心、群众艺术馆、文化站）作为公共文化服务体系的重要组成部分，承担着普及文化艺术知识、组织文化艺术活动、开展文化艺术教育、丰富群众文化生活的重要职责，全国群众文化机构每年开展活动近 200 万次。每百万人拥

有群众文化机构数代表了该地区在公共文化资源上的投资和建设水平。

（2）服务内容包括 5 个二级指标：每百万人拥有博物馆藏品套数、人均图书馆藏书量、每万人群众文化机构组织群众文艺活动数、广播节目综合人口覆盖率和电视节目综合人口覆盖率。每百万人拥有博物馆藏品套数和人均图书馆藏书量可基本代表一个地区的文化资源底蕴和对公共文化服务的重视程度。改革开放四十余年，我国公共博物馆和公共图书馆数量取得了较快的增长，但是在人均馆藏数量等指标上仍远远落后于发达国家，以人均公共图书拥有量为例，2017 年为 0.7 册，远远不能满足相应的读者需求。每万人群众文化机构组织群众文艺活动数代表了当地相关组织对文化服务的提供力度，10 年间该数据每年大概增长 10%，民众的文化生活更加丰富。广播节目综合人口覆盖率和电视节目综合人口覆盖率这两项指标代表了当地文化服务提供水平，可知其是否能真正满足居民的文化需求，覆盖率高的区域其公共文化服务和保障水平也较高。

（3）服务效益包括 4 个二级指标：博物馆参观人次、公共图书馆总流通人次、艺术表演场馆观众人次以及文化文物部门所属机构收入。公共文化服务在为大众提供便利的同时，为维持图书馆或者博物馆等公共设施的正常运转，也需要有产出收入，具体的表现为参观时或者艺术展览时收取的门票，相关数据也表明，文化文物部门所属机构的收入由 2008 年的 192 亿元增长到 2017 年的 810 亿元，增速为 321.99%。

二、指标权重的设置

1. 三标度层次分析法

对于权重的计算，方法较多，本书参考最常被使用的吴文恒等（2006）[①] 的

---

① 吴文恒，牛叔文. 甘肃省人口与资源环境耦合的演进分析 [J]. 中国人口科学，2006 (2)：81-86.

三标度层次分析法,确定指标权重。该方法以 AHP 层次分析法为基础,与其不同之处在于主观判断矩阵为三标度,且不需要进行一致性检验。

(1) 确立指标体系。

假设综合指数或约束层为 X,包含 X_1、X_2、X_3 三个一级因子,各一级因子又分别由三个二级因子构成,如表 4-3 所示。

表 4-3 指标体系的确立结构

综合指数	一级指标	二级指标
X	X_1	X_{11} X_{12} X_{13}
	X_2	X_{21} X_{22} X_{23}
	X_3	X_{31} X_{32} X_{33}

(2) 构造主观比较矩阵。

以下求一级因子 X_1 下的二级因子的权重为例,定义 $C = [C_{ij}]_{n \times n}$。

其中,$C_{ij} = \begin{cases} 1 & \text{指标 i 比指标 j 重要} \\ 0 & \text{指标 i 与指标 j 同等重要} \\ -1 & \text{指标 i 不如指标 j 重要} \end{cases}$

主观判断矩阵基于专家意见获得。然后,构造下列二级因子的主观比较矩阵,如表 4-4 所示:

表 4-4 二级因子主观比较矩阵

	X_{11}	X_{12}	X_{13}
X_{11}	C_{11}	C_{12}	C_{13}
X_{12}	C_{21}	C_{22}	C_{23}
X_{13}	C_{31}	C_{32}	C_{33}

对比各二级指标对于其一级指标来说的重要性,可先用数字表示各指标重要性,之后进行两两比较时只需比较数字。注意对比 i 和 j,i 是横行,j 是纵列。对角线全是 0,只需对比 X_{11}/X_{12},X_{11}/X_{13},X_{12}/X_{13},即可形成矩阵上三角部分。

下三角部分对应写出对应的相反数即可（若 $C_{12} = 1$，则 $C_{21} = -1$）。

（3）建立感觉判断矩阵。

建立感觉判断矩阵：$S = [S_{ij}]_{n \times n}$，其中 $S_{ij} = d_i - d_j$，$d_i = \sum_{j=1}^{n} C_{ij}$。之后，在原主观矩阵表上加一列，对每一横行求和（见表4-5）。

表4-5 判断矩阵

	X_{11}	X_{12}	X_{13}	d_i
X_{11}	C_{11}	C_{12}	C_{13}	d_1
X_{12}	C_{21}	C_{22}	C_{23}	d_2
X_{13}	C_{31}	C_{32}	C_{33}	d_3

对角线上是0，只需计算差 $d_1 - d_2$，$d_1 - d_3$，$d_2 - d_3$，可形成矩阵上三角部分。下三角部分对应写出对应的相反数即可（$S_{12} = d_1 - d_2$，$S_{21} = d_2 - d_1$）。

（4）计算客观判断矩阵。

计算客观判断矩阵：$R = [r_{ij}]_{n \times n}$，

其中，$r_{ij} = P(S_{ij}/S_m)$，$S_m = \max S_{ij} = \max(d_i) - \max(d_j)$。

P 为使用者定义的标度扩展值范围，如 P = 3、5 或 7。本书取 P = 5。

S_m 即为 S_{ij} 中最大值。

（5）归一化确定权重值。

R 矩阵各纵列归一化，即得一级因子 X_1 下的二级因子的权重：即 $W_{11} = R_{11}/(R_{11} + R_{21} + R_{31})$，$W_{12} = R_{12}/(R_{12} + R_{22} + R_{32})$，$W_{13} = R_{13}/(R_{13} + R_{23} + R_{33})$。

根据以上五步可得文化产业发展的三组二级指标：文化产业基础、文化产业投入、文化产业效益的权重值。其他因子权重计算方式相同，可以计算出文化产业发展的四组二级指标的权重值。对于公共文化服务综合指数对应的三组一级指标，相同的计算方法可得服务投入和服务内容的五组二级指标的权重值，服务效益的四组二级指标权重值。另外，一级指标的权重也可同理获得。

2. 公共文化服务和文化产业发展指标权重

通过三标度层次分析法，可以得到公共文化服务和文化产业发展的指标权重。由表4-6可知，文化产业发展的三个一级指标文化产业基础、文化产业投入和文化产业效益对文化产业的贡献度相同，所占权重比值一致，都为0.333。文化产业基础下的四个二级指标即国家级非物质文化遗产代表性项目数、人均文化娱乐消费支出占居民人均消费支出比重、每十万人口高等学校在校生人数以及分地区互联网普及率的权重比值各有不同的比例，分别为0.125、0.375、0.375和0.125。文化产业投入下的四个二级指标所对应的权重值有所差异，文化、体育和娱乐业法人单位数为0.252，文化、体育和娱乐业全社会固定资产投资为0.277，文化及相关产业从业人员占全部从业人员比重为0.388，而有线广播电视传输干线网络总长是0.133。文化产业效益一级指标对应的四个二级指标即文化产业增加值占GDP比重、数字电视用户数、图书新出版种数和分地区广告经营额权重值分别为：0.375、0.125、0.125和0.375。

表4-6 公共文化服务和文化产业一级指标和二级指标权重值

综合指数	一级指标	权重	二级指标	权重
文化产业发展	文化产业基础	0.333	国家级非物质文化遗产代表性项目数	0.125
			人均文化娱乐消费支出占居民人均消费支出比重	0.375
			每十万人口高等学校在校生人数	0.375
			分地区互联网普及率	0.125
	文化产业投入	0.333	文化、体育和娱乐业法人单位数	0.252
			文化、体育和娱乐业全社会固定资产投资	0.277
			文化及相关产业从业人员占全部从业人员比重	0.338
			有线广播电视传输干线网络总长	0.133
	文化产业效益	0.333	文化产业增加值占GDP比重	0.375
			数字电视用户数	0.125
			图书新出版种数	0.125
			分地区广告经营额	0.375
公共文化服务	公共文化服务投入	0.333	公共预算文化体育与传媒支出占总预算支出比	0.333
			人均文化事业费	0.333
			每百万人拥有公共图书馆数量	0.112
			每百万人拥有博物馆数量	0.111
			每百万人拥有群众文化机构数	0.111

续表

综合指数	一级指标	权重	二级指标	权重
公共文化服务	公共文化服务内容	0.333	每百万人拥有博物馆藏品套数	0.239
			人均图书馆藏书量	0.287
			每万人群众文化机构组织群众文艺活动数	0.239
			广播节目综合人口覆盖率	0.096
			电视节目综合人口覆盖率	0.138
	公共文化服务效益	0.333	博物馆参观人次	0.250
			公共图书馆总流通人次	0.250
			艺术表演场馆观众人次	0.250
			文化文物部门所属机构收入	0.250

公共文化服务的三个一级指标即服务投入、服务内容和服务效益对公共文化服务的贡献度相同，所占权重比值一致，同样都为0.333。服务投入对应的五个二级指标即公共预算文化体育与传媒支出占总预算支出比、人均文化事业费、每百万人拥有公共图书馆数量、每百万人拥有博物馆数量和每百万人拥有群众文化机构数通过计算所得的权重分别为0.333、0.333、0.112、0.111和0.111。服务内容对应的二级指标即每百万人拥有博物馆藏品套数、人均图书馆藏书量、每万人群众文化机构组织群众文艺活动数、广播节目综合人口覆盖率和电视节目综合人口覆盖率分别为0.239、0.287、0.239、0.096和0.138。服务效益对应的二级指标即博物馆参观人次、公共图书馆总流通人次、艺术表演场馆观众人次和文化文物部门所属机构收入的权重值相等，都为0.250。

三、数据的标准化处理

基于指标体系中各类指标的量级和量纲存在较大的差异，因此需要将数据统一变换为无单位（统一单位）的数据集。当指标值越大对系统越有利时，将其定义为正向指标，当指标值越大，对系统的贡献越小时，则定义为逆向指标。本书采用极差标准化法处理各指标的原始数据，计算公式为：

$$\text{正向指标标准化：} X_{ij}' = \frac{X_{ij} - \min X_{ij}}{\max X_{ij} - \min X_{ij}} \quad (4-1)$$

$$\text{负向指标标准化：} X_{ij}' = \frac{\max X_{ij} - X_{ij}}{\max X_{ij} - \min X_{ij}} \quad (4-2)$$

其中，X_{ij} 代表指标原始值；$\max X_{ij}$ 代表所有原始值中的最大值；$\min X_{ij}$ 代表所有原始值中的最小值；X_{ij}' 代表标准化处理后的变量值。

本文所用指标均为正向指标，所以我们采用式（4-1）对数据进行标准化处理。

四、综合指数的计算

综合指数可测算单个系统的整体发展情况，综合指数指标计算公式为：

$$\text{Culindus}_n = \sum_{i=1}^{12} W_i I_{in} \quad (n = 1,2,3,\cdots,31) \quad (4-3)$$

$$\text{Culservice}_n = \sum_{j=1}^{14} W_j I_{jn} \quad (n = 1,2,3,\cdots,31) \quad (4-4)$$

式（4-3）和式（4-4）中 Culindus_n 和 Culservice_n 分别为文化产业发展综合指数、公共文化服务发展综合指数；W_i、W_j 分别为各一级指标的指标权重；I_{in}、I_{jn} 分别表示各级指标的标准化值。

在本书中文化产业发展指数的一级指标有产业基础（background）、产业投入（devoted）、产业效益（benefit）；公共文化服务发展指数的一级指标为服务投入（serinput）、服务内容（sercontent）、服务效益（serbenefit）。

一级指标对应的计算公式与综合指数计算公式类似，其计算公式为：

$$A_{in} = \sum_{i=1}^{k} w_i a_{in} \quad (n = 1,2,3,\cdots,31) \quad (4-5)$$

$$B_{in} = \sum_{j=1}^{k} w_j b_{jn} \quad (n = 1,2,3,\cdots,31) \quad (4-6)$$

式（4-5）和式（4-6）中 A_{in} 和 B_{in} 分别为文化产业发展综合指数对应的一

第四章 文化产业与公共文化服务发展水平测算与分析

级指标综合值、公共文化服务发展综合指数对应的一级指标；W_i、W_j 分别为各二级指标的指标权重；a_{in}、b_{jn} 分别表示各二级指标的标准化数值。k 为对应二级指标的个数，n 为样本个数。

五、综合指数的分析

1. 文化产业发展综合指数的分析

基于 2008～2017 年 31 个省（自治区、直辖市）的宏观指标数据，在对相关数据进行标准化处理后，结合指标体系各指数权重赋值，根据综合指数计算公式式（4-3）和式（4-5），得出 31 个省（自治区、直辖市）10 年间文化产业发展的综合指数，具体见表 4-7。

表 4-7 文化产业发展综合指数

年份省份	2008	2009	2010	2011	2012	2013	2014	2015	2016	2017	均值
北京	0.487	0.498	0.506	0.552	0.607	0.639	0.648	0.661	0.649	0.674	0.592
天津	0.165	0.192	0.202	0.209	0.219	0.222	0.240	0.251	0.243	0.241	0.219
河北	0.167	0.202	0.209	0.220	0.252	0.280	0.305	0.320	0.339	0.361	0.265
山西	0.155	0.187	0.202	0.235	0.248	0.243	0.259	0.270	0.281	0.265	0.234
内蒙古	0.119	0.122	0.134	0.145	0.156	0.159	0.182	0.188	0.186	0.199	0.159
辽宁	0.158	0.185	0.206	0.219	0.238	0.247	0.261	0.256	0.242	0.235	0.225
吉林	0.130	0.141	0.154	0.169	0.183	0.221	0.234	0.185	0.192	0.184	0.179
黑龙江	0.109	0.130	0.135	0.150	0.168	0.184	0.191	0.184	0.179	0.183	0.161
上海	0.253	0.301	0.304	0.310	0.324	0.314	0.323	0.337	0.343	0.356	0.317
江苏	0.269	0.298	0.322	0.366	0.409	0.442	0.481	0.502	0.537	0.535	0.416
浙江	0.268	0.297	0.310	0.360	0.385	0.412	0.456	0.486	0.506	0.512	0.399
安徽	0.114	0.154	0.169	0.189	0.210	0.223	0.229	0.253	0.277	0.277	0.209
福建	0.191	0.217	0.241	0.267	0.265	0.269	0.296	0.319	0.317	0.327	0.271

续表

年份 省份	2008	2009	2010	2011	2012	2013	2014	2015	2016	2017	均值
江西	0.125	0.129	0.142	0.159	0.192	0.200	0.231	0.253	0.270	0.269	0.197
山东	0.246	0.261	0.289	0.347	0.386	0.383	0.431	0.455	0.498	0.513	0.381
河南	0.162	0.185	0.201	0.214	0.230	0.272	0.303	0.334	0.353	0.363	0.262
湖北	0.182	0.217	0.223	0.254	0.281	0.289	0.323	0.335	0.350	0.365	0.282
湖南	0.162	0.184	0.211	0.256	0.217	0.299	0.330	0.344	0.368	0.379	0.275
广东	0.298	0.320	0.341	0.361	0.394	0.409	0.474	0.481	0.510	0.520	0.411
广西	0.094	0.120	0.119	0.139	0.159	0.164	0.183	0.200	0.208	0.210	0.159
海南	0.079	0.096	0.100	0.109	0.121	0.122	0.126	0.132	0.131	0.141	0.116
重庆	0.123	0.147	0.160	0.172	0.184	0.197	0.217	0.240	0.262	0.265	0.197
四川	0.179	0.204	0.228	0.232	0.264	0.300	0.341	0.344	0.375	0.355	0.282
贵州	0.101	0.123	0.131	0.152	0.162	0.172	0.212	0.215	0.242	0.252	0.176
云南	0.111	0.182	0.199	0.190	0.197	0.237	0.217	0.229	0.234	0.249	0.205
西藏	0.070	0.079	0.089	0.104	0.107	0.105	0.118	0.125	0.131	0.123	0.105
陕西	0.155	0.185	0.198	0.221	0.239	0.248	0.258	0.273	0.297	0.314	0.239
甘肃	0.092	0.113	0.114	0.122	0.134	0.137	0.149	0.157	0.170	0.163	0.135
青海	0.070	0.078	0.086	0.094	0.098	0.103	0.119	0.125	0.128	0.122	0.102
宁夏	0.055	0.075	0.083	0.086	0.099	0.101	0.109	0.112	0.116	0.118	0.095
新疆	0.102	0.100	0.118	0.142	0.146	0.156	0.173	0.181	0.187	0.197	0.150
东部	0.235	0.261	0.275	0.302	0.327	0.340	0.367	0.382	0.392	0.401	0.328
中部	0.143	0.166	0.180	0.203	0.216	0.241	0.263	0.270	0.284	0.285	0.225
西部	0.106	0.127	0.138	0.150	0.162	0.173	0.190	0.199	0.211	0.214	0.167
均值	0.161	0.185	0.198	0.218	0.235	0.250	0.272	0.282	0.294	0.299	0.239

为进一步明确各省份文化产业的发展趋势，本书按照东部、中部、西部三个区域对文化产业综合指数进行具体分析。

图4-1展示了全国31省份分东、中、西部的文化产业发展综合指数的发展趋势。从图4-1中我们可以看出东部地区的文化产业发展综合指数高于中部地区，中部地区的文化产业发展综合指数高于西部地区。三个地区的这一指数在2008~2017年都处于稳步上升的趋势。

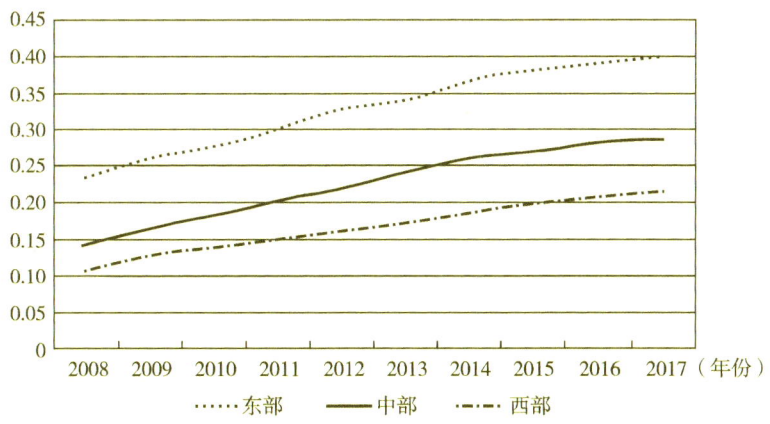

图4-1 东、中、西部文化发展综合指数发展趋势

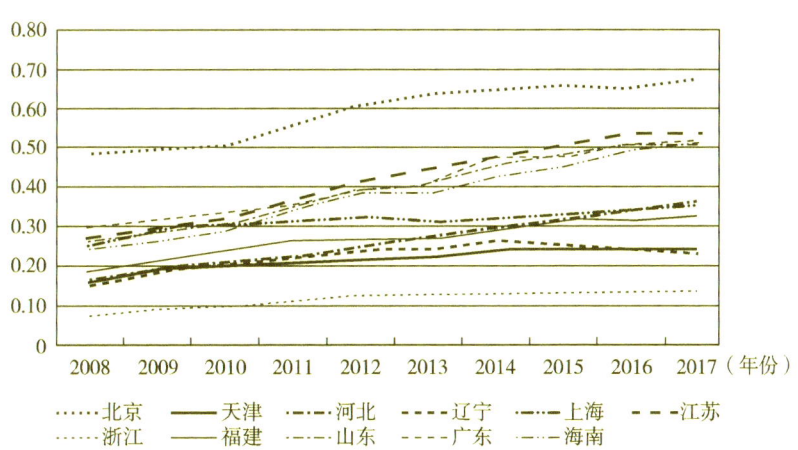

图4-2 东部省份文化产业综合指数发展趋势

具体到三区域各省的情况，图4-2描述了东部11个省份2008～2017年的文化产业发展综合指数的变化趋势，可以看出，东部各省份文化产业发展综合指数分层明显，总体发展水平较高。在这10年间，东部省份的均值为0.328，高于均值的省份有6个，处于均值以下的省份有5个。北京、上海、浙江、广东、江苏和山东的文化产业发展综合指数处于相对较高水平，2008～2017年综合指数处于上升状态，且变化趋势较为明显，变化幅度也比较显著，增长率为73.33%。

而福建、辽宁、河北、天津和海南5个省份的文化产业发展综合指数都处于相对较低的水平,总体水平在0.25以下,2008~2017年的10年时间中呈现稳定上升的趋势,增长率为66.76%。

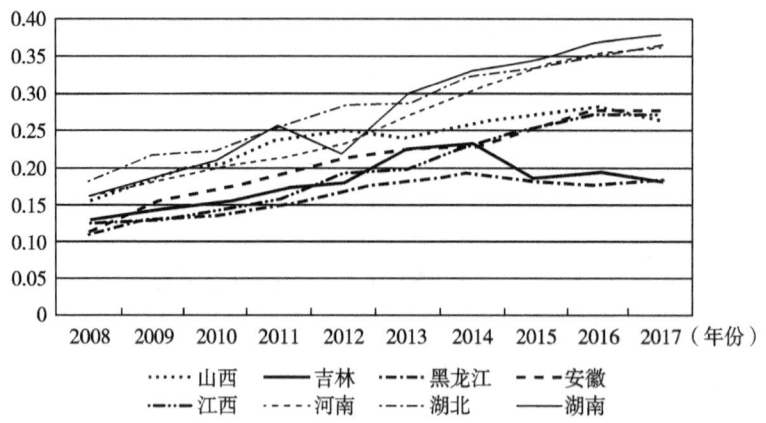

图4-3　中部各省份文化产业综合指数发展趋势

图4-3描述了中部8个省份的文化产业发展综合指数的发展趋势。从图4-3中可以看出,中部这8个省份的文化产业发展综合指数处于全国相对较低的水平,且分化明显,差距有扩大的趋势。在这10年间,中部省份的均值为0.225,高于均值的省份有4个,处于均值以下的省份有4个。山西、河南、湖北和湖南的文化产业发展综合指数处于相对较高水平,总体增长率为107.17%。而吉林、黑龙江、安徽和江西的文化产业发展综合指数都处于相对较低的水平,总体增长率为90.69%。湖南、湖北、河南处于中部地区文化产业发展的前列,增长速度较快。湖南在2012年的时候文化产业发展综合指数经历了一个显著的下降,之后又上升至一个平稳上升的阶段。山西、安徽、江西10年间文化产业的综合指数稳步增长,在2016年后增速有所回落。吉林省文化产业发展综合指数处于相对较低的水平,2008~2014年,增长速度较快。2014年之后,吉林文化产业的发展指数急剧回落。2017年吉林的文化产业综合指数与黑龙江相当。黑龙江的文化产业发展综合指数一直处于相对较低的水平,2008~2013年经历了稳步上升的阶段,但在2014年之后这一综合指数有所下降,接着在2016年和2017年

有所小幅上升。

图4-4描述了西部12个省份的文化产业发展综合指数的发展趋势。从图4-4中可以看出，西部省份除四川外，其他省份的文化产业发展综合指数处于全国相对较低的水平，整体均值在0.1~0.3。在这10年间，西部省份的均值为0.168，高于均值的省份有4个，处于均值以下的省份有8个。四川、贵州、云南和陕西的文化产业发展综合指数处于相对较高水平，总体增长率为107.14%。而内蒙古、广西、重庆、西藏、甘肃、青海、宁夏和新疆8个省份的文化产业发展综合指数都处于相对较低的水平，总体增长率为88.89%。四川的文化产业发展综合指数在这10年间一直处于西部较高水平，增长幅度也很显著，从2008年的0.1790增长到2017年的0.3554。2016年，四川文化产业的发展指数出现了较大的回落，但增长速度仍然领先其他省份。云南的文化产业发展综合指数在2009~2011年经历了一个显著的上升，随后又回归至一个平稳的阶段。陕西的文化产业发展综合指数在这10年间都处于0.1之上，高于大部分西部省份的文化产业发展综合指数，而且呈现出稳步增长的态势，其综合指数有逼近四川的趋势。西部地区的其他9个省份的这一指数在这10年间都处于稳定发展状态，但是相对水平一直较低。青海、宁夏、西藏文化产业发展综合指数处于缓慢增长的态势，落后于西部地区其他省份。

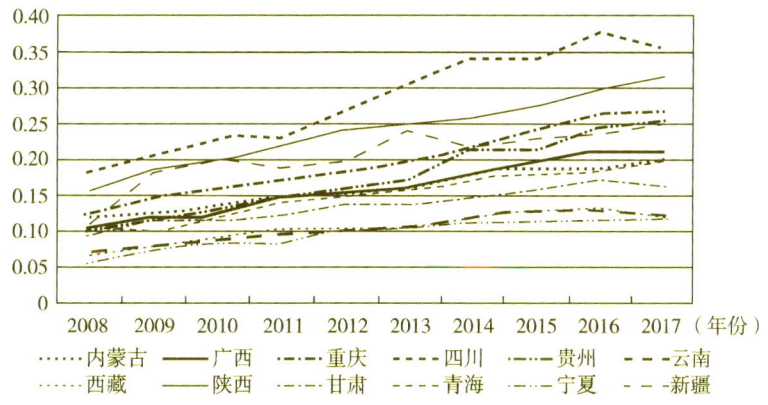

图4-4 西部各省份文化产业综合指数发展趋势

图 4-5 展示了 2008~2017 年文化产业发展综合指数及其三个一级指标的发展趋势，从图 4-5 中可以看出文化产业发展综合指数、文化产业基础和文化产业投入呈现上升的趋势，但是文化产业效益在 2013 年之后一直是持平趋势，数值在 0.21~0.22。全国水平的文化产业效益在 2013 年之后，文化产业增加值相对 GDP 增值较小；数字电视用户数和图书新出版种数无大的变动，增长趋势有限；分地区广告经营额也未出现预想中的高增长。由此可见，为提高文化产业发展水平，要继续保持文化产业规模的增长，可从增加文化事业费的投入，增设文化机构数，让更多专业的人员从事文化及相关产业以及制造与文化产业相关的行业收入等方面着手。

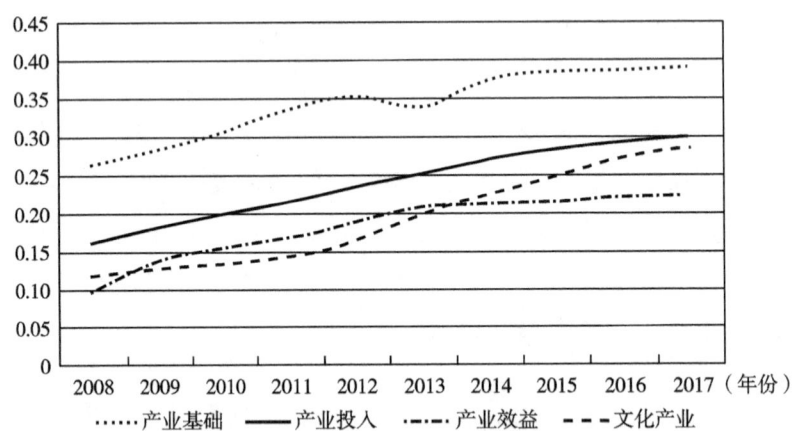

图 4-5 文化产业综合指数及子指数的发展趋势

表 4-8　2008 年和 2017 年各省份文化产业发展综合指数排序

排序	2008 年					2017 年				
	省份	产业基础	产业投入	产业效益	文化产业发展	省份	产业基础	产业投入	产业效益	文化产业发展
1	北京	0.687	0.351	0.422	0.487	北京	0.636	0.627	0.759	0.674
2	广东	0.364	0.268	0.262	0.298	江苏	0.522	0.640	0.441	0.535
3	江苏	0.395	0.235	0.177	0.269	广东	0.500	0.552	0.507	0.520
4	浙江	0.442	0.193	0.170	0.268	山东	0.497	0.677	0.367	0.513

续表

排序	2008 年					2017 年				
	省份	产业基础	产业投入	产业效益	文化产业发展	省份	产业基础	产业投入	产业效益	文化产业发展
5	上海	0.458	0.110	0.192	0.253	浙江	0.614	0.480	0.443	0.512
6	山东	0.344	0.260	0.133	0.246	湖南	0.431	0.438	0.268	0.379
7	福建	0.321	0.123	0.129	0.191	湖北	0.455	0.402	0.237	0.365
8	湖北	0.296	0.161	0.090	0.182	河南	0.382	0.511	0.195	0.363
9	四川	0.263	0.194	0.080	0.179	河北	0.449	0.451	0.183	0.361
10	河北	0.317	0.135	0.048	0.167	上海	0.459	0.187	0.421	0.356
11	天津	0.382	0.036	0.078	0.165	四川	0.431	0.370	0.265	0.355
12	河南	0.233	0.202	0.052	0.162	福建	0.436	0.337	0.209	0.327
13	湖南	0.234	0.128	0.124	0.162	陕西	0.422	0.308	0.211	0.314
14	辽宁	0.248	0.147	0.079	0.158	安徽	0.321	0.286	0.224	0.277
15	山西	0.299	0.116	0.051	0.155	江西	0.328	0.289	0.189	0.269
16	陕西	0.283	0.105	0.078	0.155	重庆	0.325	0.313	0.158	0.265
17	吉林	0.205	0.093	0.091	0.130	山西	0.502	0.186	0.106	0.265
18	江西	0.189	0.092	0.095	0.125	贵州	0.417	0.205	0.134	0.252
19	重庆	0.203	0.079	0.087	0.123	云南	0.382	0.211	0.155	0.249
20	内蒙古	0.217	0.083	0.058	0.119	天津	0.397	0.157	0.171	0.241
21	安徽	0.188	0.089	0.065	0.114	辽宁	0.371	0.175	0.158	0.235
22	云南	0.186	0.078	0.071	0.111	广西	0.274	0.220	0.135	0.210
23	黑龙江	0.156	0.108	0.064	0.109	内蒙古	0.335	0.157	0.106	0.199
24	新疆	0.221	0.047	0.037	0.102	新疆	0.375	0.149	0.066	0.197
25	贵州	0.217	0.049	0.038	0.101	吉林	0.316	0.136	0.098	0.184
26	广西	0.136	0.077	0.068	0.094	黑龙江	0.245	0.161	0.142	0.183
27	甘肃	0.188	0.051	0.039	0.092	甘肃	0.293	0.105	0.092	0.163
28	海南	0.164	0.018	0.056	0.079	海南	0.236	0.053	0.134	0.141
29	青海	0.171	0.003	0.035	0.070	西藏	0.248	0.009	0.111	0.123
30	西藏	0.129	0.000	0.080	0.070	青海	0.273	0.029	0.064	0.122
31	宁夏	0.114	0.009	0.043	0.055	宁夏	0.225	0.035	0.093	0.118

表 4-8 是 2008 年和 2017 年文化产业发展综合指数排序，通过 2008 年和

2017年的对比，可以看出，各个省份文化产业发展综合指数的相对发展程度。仔细观察可知，2008年排名在前十位的省份为：北京、广东、江苏、浙江、上海、山东、福建、湖北、四川和河北；而2017年排名前十位的省份为：北京、江苏、广东、山东、浙江、湖南、湖北、河南、河北和上海。北京的文化产业综合指数一直遥遥领先。江苏的文化产业发展综合指数超过广东在2017年时候的排名上升至第二位。湖南的文化产业发展较快，由2008年的第13位上升至2017年的第6位。陕西的文化产业发展综合指数由2008年的排名16为上升至2017年的第13位，文化产业发展水平有了较大的提升。2008年排名在后十位的省份为：云南、黑龙江、新疆、贵州、广西、甘肃、海南、青海、西藏和宁夏；2017年后十位的省份变为：广西、内蒙古、新疆、吉林、黑龙江、甘肃、海南、西藏、青海和宁夏。由此可见，基本变化不大，除吉林由第17位降到第25位。在下降的省份中，较明显的主要是：天津的文化产业发展由2008年的第11位下降至2017年的第20位，其文化产业规模、文化产业资源和文化产业效益在这10年间有一定的下降，导致文化产业发展综合指数下降。东北三省文化产业的发展出现了明显的下滑。辽宁的文化产业发展综合指数由2008年全国排名第14位下降至2017年的第21位，黑龙江由第23位下滑到第26位。吉林由第17位降到第25位。不论在2008年还是2017年，宁夏、青海、西藏和海南的文化产业发展综合指数一直处于全国较低水平。

由排名的变化可知，文化产业的发展基本与各省份的经济发展水平和人口规模相关。排在前面的省份基本是东中部区域经济较为发达的省份且人口较多，经济发展和带动文化发展的活力较大，而排在后十位的省份基本集中在东北和西部区域，这些省份经济发展较为落后，其中比较特殊的是海南省，因为该省人口数量有限，所以集中资源的优势不明显，文化发展较慢。

总体来看，近年来我国文化产业发展态势迅猛，正逐渐成长为国民经济支柱性产业。其中，北京是中国的政治中心、文化中心以及经济、金融的决策和管理中心，因此在文化产业的发展过程中一直处在领跑地位。江苏的文化产业发展基础良好，近年来不断推进文化体制改革，文化企业数量、文化产业增加值、文化类上市公司数量均处于全国前列。广东处于改革开放的前沿，在全国范围内较早进行文化产业的探索，多年来在文化产业的发展上积累了较多的经验，已具备明显的集群化特征。湖南、湖北、河南处于中部地区文化产业发展的前列，增长速度较快。作为转承连接的中部区域，在承接东部区域经济和文化产业发展优势的同时，也需要发挥自身的辐射带动作用，最大限度地发挥中间纽带作用，为西部区域的经济文化发展带去活力。

宁夏、青海、甘肃和西藏等西部省份文化产业整体实力也在不断提升。然而受制于整体经济水平、区域位置以及体制观念方面因素的影响，在发展过程中面临着文化资源开发不足、文化体制机制改革进展缓慢、文化基础设施建设薄弱、文化产业人才供给乏力、文化品牌缺乏等问题。文化产业根源的发展动能在于创新能力，这些地区如何开发好自身特有的文化资源，通过技术创新、内容创新、服务创新，与东部地区形成差异化竞争，以带有区域特色和民族特色的文化精品释放市场活力，是发展好文化产业的关键所在。

与此同时，文化产业区域发展不平衡的问题也长期存在，我国文化产业发展仍然面临着诸多问题：一是区域发展不平衡。和经济发展水平一样，文化产业长时间以来存在着"东高西低"的问题。东部地区改革开放时间早，文化资源丰富，文化产业创新能力强，与金融、科技、信息产业深度融合，在全国处于领跑地位。中部地区、西部地区文化产业发展不充分，传统文化产业产能过剩、效益下滑、推动力不足，亟待转型发展。二是新兴业态起步晚，规模不大，仍处于培育阶段，"文化+"与多产业融合发展还不够深入，人工智能、物联网、大数据等技术在数字文化创意、创作、生产领域的应用还不够广泛。三是创新能力差，内容创新产业比重偏低，具有创新能力的中小微文化企业发展仍较艰难。文化产业品牌培育不足，文化企业"软小散"的问题仍较为突出，少"高原"缺"高峰"的现象广泛存在。

2. 公共文化服务综合指数的分析

基于2008~2017年度31个省（自治区、直辖市）的宏观指标数据，在对相关数据进行标准化处理后，结合各指数权重赋值，根据综合指数计算公式——式（4-4）和式（4-6）计算得出31个省（自治区、直辖市）10年间公共文化服务发展的综合指数，具体见表4-9。

表4-9 公共文化服务综合指数

年份 省份	2008	2009	2010	2011	2012	2013	2014	2015	2016	2017	均值
北京	0.392	0.398	0.395	0.394	0.430	0.412	0.412	0.454	0.474	0.509	0.427
天津	0.298	0.289	0.290	0.281	0.289	0.294	0.299	0.303	0.304	0.364	0.301
河北	0.257	0.267	0.266	0.255	0.284	0.302	0.311	0.312	0.311	0.324	0.289
山西	0.243	0.237	0.251	0.275	0.297	0.310	0.322	0.339	0.346	0.374	0.299
内蒙古	0.190	0.225	0.258	0.277	0.304	0.314	0.328	0.345	0.344	0.375	0.296
辽宁	0.252	0.330	0.288	0.285	0.299	0.299	0.304	0.320	0.327	0.333	0.304
吉林	0.265	0.281	0.270	0.281	0.288	0.298	0.308	0.319	0.314	0.333	0.296
黑龙江	0.248	0.267	0.277	0.285	0.286	0.315	0.316	0.320	0.342	0.339	0.299
上海	0.317	0.319	0.340	0.358	0.438	0.455	0.462	0.468	0.484	0.499	0.414
江苏	0.378	0.413	0.422	0.455	0.472	0.497	0.507	0.525	0.541	0.559	0.477
浙江	0.358	0.384	0.392	0.389	0.431	0.440	0.452	0.525	0.586	0.600	0.456
安徽	0.231	0.246	0.272	0.302	0.364	0.310	0.322	0.333	0.341	0.339	0.306
福建	0.282	0.283	0.284	0.271	0.301	0.316	0.324	0.343	0.344	0.363	0.311
江西	0.236	0.251	0.269	0.278	0.295	0.300	0.303	0.312	0.325	0.323	0.289
山东	0.276	0.296	0.292	0.294	0.344	0.358	0.378	0.400	0.460	0.498	0.360
河南	0.260	0.281	0.270	0.302	0.310	0.326	0.340	0.353	0.355	0.375	0.317
湖北	0.257	0.279	0.301	0.292	0.333	0.340	0.347	0.341	0.361	0.377	0.323
湖南	0.194	0.212	0.223	0.230	0.252	0.260	0.276	0.319	0.340	0.380	0.269
广东	0.377	0.360	0.390	0.388	0.395	0.394	0.410	0.404	0.430	0.461	0.401
广西	0.195	0.194	0.222	0.251	0.250	0.266	0.295	0.307	0.277	0.289	0.255
海南	0.200	0.206	0.213	0.204	0.230	0.229	0.226	0.226	0.235	0.293	0.226
重庆	0.189	0.203	0.234	0.251	0.249	0.273	0.278	0.295	0.302	0.315	0.259
四川	0.241	0.267	0.296	0.346	0.382	0.426	0.429	0.445	0.466	0.471	0.377
贵州	0.090	0.114	0.131	0.151	0.158	0.176	0.197	0.212	0.223	0.231	0.168
云南	0.187	0.224	0.248	0.222	0.263	0.266	0.267	0.275	0.302	0.314	0.257
西藏	0.100	0.131	0.129	0.165	0.234	0.236	0.290	0.293	0.292	0.331	0.220
陕西	0.264	0.290	0.301	0.308	0.387	0.409	0.417	0.452	0.494	0.521	0.384
甘肃	0.190	0.214	0.237	0.282	0.346	0.364	0.350	0.365	0.369	0.406	0.312
青海	0.208	0.240	0.191	0.206	0.245	0.278	0.314	0.315	0.321	0.334	0.265
宁夏	0.203	0.204	0.248	0.215	0.233	0.251	0.248	0.265	0.278	0.369	0.251
新疆	0.221	0.247	0.246	0.257	0.283	0.289	0.302	0.311	0.302	0.304	0.276

续表

年份 省份	2008	2009	2010	2011	2012	2013	2014	2015	2016	2017	均值
东部	0.308	0.322	0.325	0.325	0.356	0.363	0.371	0.389	0.409	0.437	0.360
中部	0.242	0.257	0.267	0.281	0.303	0.307	0.317	0.330	0.341	0.355	0.300
西部	0.190	0.213	0.228	0.244	0.278	0.296	0.310	0.323	0.331	0.355	0.277
均值	0.245	0.263	0.272	0.282	0.312	0.323	0.333	0.348	0.361	0.384	0.312

表4-9是根据综合指数计算公式得出的公共文化服务综合指数，总体来说31个省（自治区、直辖市）在2008年到2017年间处于稳步上涨的趋势。全国的公共文化服务发展水平不均，不同省份之间有显著的差距，除了浙江、江苏和北京较高之外，其他省份的公共文化服务发展综合指数总体在0.1和0.5之间，处于一个相对较低的水平。全国的公共文化服务发展综合指数在2008年只有0.245，到2017年的时候上涨为0.384。总体来讲，北京、上海、江苏、浙江、山东和广东从2008年到2017年公共文化服务发展综合指数一直处于全国领先水平，在2008年公共文化服务发展综合指数为0.392、0.317、0.378、0.358、0.276和0.377，到2017年的时候达到了0.509、0.499、0.559、0.600、0.498和0.461，增长率分别为29.85%、57.41%、47.88%、67.59%、80.43%和22.28%，其中山东和浙江的增幅较为明显。2008~2017年西藏、甘肃、青海和宁夏的公共文化服务发展综合指数一直处于全国较低水平，在2008年的时候公共文化服务发展综合指数分别为0.100、0.189、0.208和0.203，在2017年的时候增加到0.331、0.406、0.334和0.369，增长率分别为231%、114%、60.58%和81.77%，西藏和青海增幅显著。

图4-6展示了东、中、西部公共文化服务综合指数发展趋势，在公共文化服务的多数指标上，西部地区低于国家平均水平，中、东部地区普遍高于国家平均水平；中、东部之间存在一定差距，且差距正逐渐扩大；东、中、西部的这种梯度差异有碍于我国公共文化服务现代化整体进程的推进。基于此，我国今后的公共文化服务发展，应以社会主义核心价值观为引领，在"差异"的背景下，尊重我国公共文化服务业已形成的雁阵发展模式，寻求中、西部地区公共文化服

务发展的"重点突破""百花齐放、百家争鸣",充分激发中西部地区公共文化服务的活力优势,推进西部公共文化服务跨越式发展。

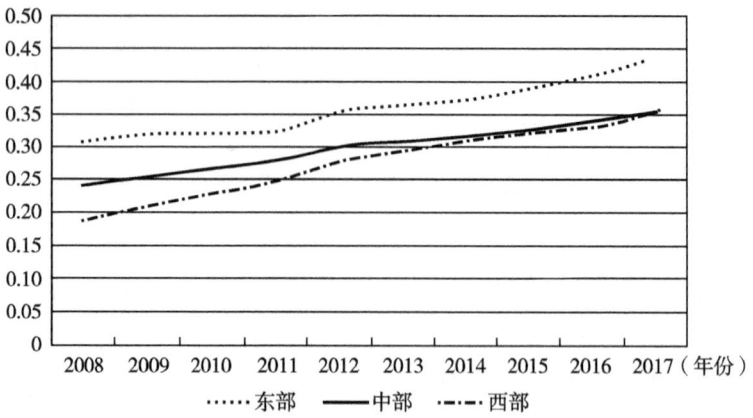

图4-6　东、中、西部公共文化服务综合指数发展趋势

图4-7显示了东部各省份公共文化服务综合指数发展的趋势。在这10年间,东部省份的均值为0.360,高于均值的省份有6个,处于均值以下的省份有5个。北京、上海、江苏、浙江、山东和广东的文化公共文化服务综合指数处于相对较高水平,总体增长率为48.57%。而天津、河北、辽宁、福建和海南的公共文化服务综合指数都处于相对较低的水平,总体增长率为30.77%。从图中可以看出,北京、上海、江苏和浙江的公共文化服务综合指数远高于东部地区其他省份,10年间4省市的平均综合指数一直处于0.5以上,以2017年为准,排名第一的是浙江,随后是江苏、北京和上海。除江苏外,其余3省在2012年间皆存在上升较大的凸点,这应该与文化事业费的投入有关。2012年全国文化事业费489.27亿元,与往年相比增幅显著(2010年全国文化事业费323.06亿元,2011年全国文化事业费392.62亿元)。此外,广东和山东的综合指数也一直处于稳步上升趋势,从2008年的0.38和0.28分别增加到2017年的0.46和0.50。海南的公共文化服务综合指数处于东部地区最低的水平,尽管有所增长,但增长速度平缓,一直处于0.30以下,值得注意的是,2016年后,海南公共文化服务的综合指数提升显著。其余各省份的公共文化服务综合指数也基本呈现平稳上升的趋势。

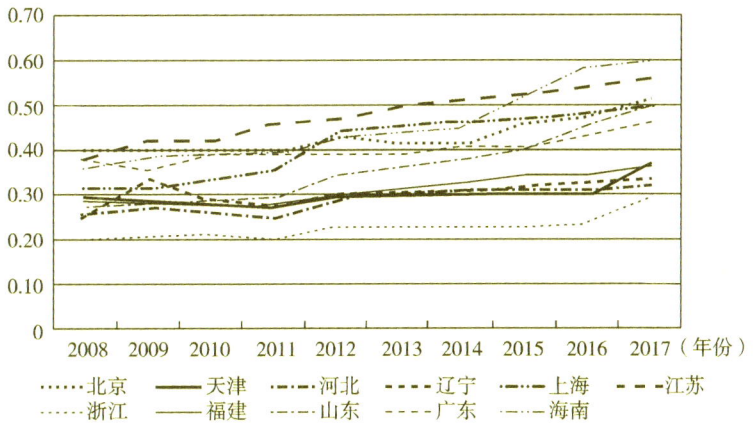

图4-7 东部各省份公共文化服务综合指数发展趋势

图4-8是中部8个省份的公共文化服务综合指数的发展趋势。中部省份公共文化服务水平上升趋势明显，各省份之间的公共文化服务综合指数之间相对均衡，没有显著的差异。在这10年间，中部省份的均值为0.299，高于均值的省份有3个，处于均值以下的省份有5个。安徽、河北和湖北的公共文化服务综合指数处于相对较高水平，总体增长率为44%。而山西、吉林、黑龙江、江西和湖南等省份的公共文化服务综合指数都处于相对较低的水平，总体增长率为43.83%。

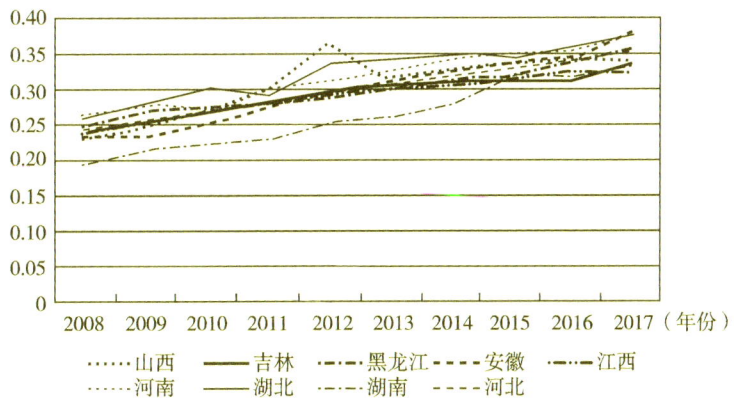

图4-8 中部各省份公共文化服务综合指数发展趋势

河南、湖北、湖南的公共文化服务综合指数在中部地区处于相对较高的水平，从 2008 年的 0.2601、0.2564 和 0.1938 分别增长到 2017 年的 0.3752、0.3771 和 0.3804。湖南公共文化服务综合指数在 2014 年后提升显著，由中部地区的队尾跃居榜首位置，湖南以首批国家公共文化服务体系示范区建设为契机，推进"三圈""五化""八有"的工作格局，相关经验值得借鉴。江西和吉林的公共文化服务综合指数在 2008 年到 2017 年都处于中部地区相对比较低的水平，但是也经历了一定的增长，从 0.2363 和 0.2654 分别增长到 0.3229 和 0.3332。黑龙江的公共文化服务综合指数增长相对平缓。安徽的公共文化服务综合指数增长到 2012 年后，急剧回落，此后一直处于缓慢发展状态。

图 4-9 描述了西部 12 个省份的公共文化服务综合指数的发展趋势。在这 10 年间，西部省份的均值为 0.277，高于均值的省份有 4 个，处于均值以下的省份有 8 个。内蒙古、四川、陕西和甘肃的公共文化服务综合指数处于相对较高水平，总体增长率为 100%。而广西、重庆、贵州、云南、西藏、青海、宁夏和新疆 8 个省份的公共文化服务综合指数都处于相对较低的水平，总体增长率为 82.35%。从图 4-9 中可以看出，西部地区大部分省份都处于较低的水平，虽然整体上呈现上涨的趋势，但是增长幅度不大，且 2008～2017 年出现了向下的趋势，波动明显。各省份的公共文化服务综合指数之间存在明显的差异，四川和陕西

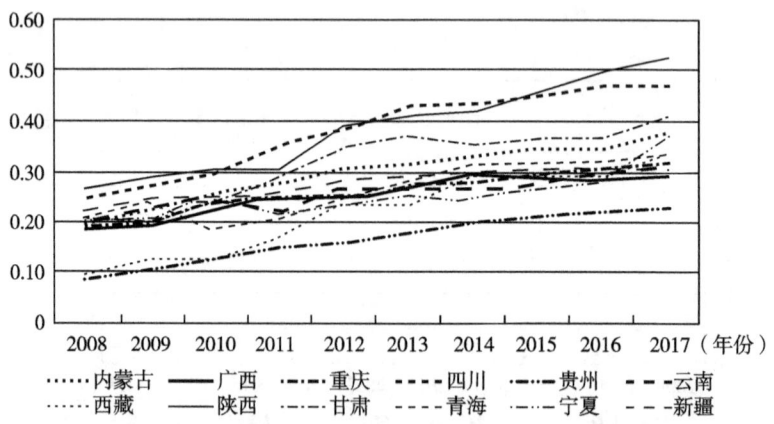

图 4-9　西部各省份公共文化服务综合指数发展趋势

的公共文化服务发展水平明显高于西部地区其他省份的公共文化服务水平，这两个省份的公共文化服务发展综合指数从2008年的0.2414和0.2634分别增长到了2017年的0.4712和0.5211。其他10个省份的公共文化服务综合指数虽然都呈现上升的趋势，但是总体平均指数在0.35之下。

图4-10展示了2008~2017年公共文化服务综合指数和3个子指数的发展趋势。从图4-10中可以看出，公共文化服务综合指数、服务投入、服务内容和服务效益都呈现上涨的趋势。对公共文化服务综合指数影响较大的是服务内容，而服务内容包含每百万人拥有博物馆藏品套数、人均图书馆藏书量、每万人群众文化机构组织群众文艺活动数和广播节目综合人口覆盖率等指标，因此在今后的服务内容中要增加博物馆和图书馆的藏量、多举办大规模的群众文化活动、提高无线电缆的覆盖率，从而增加广播节目的收听数量。

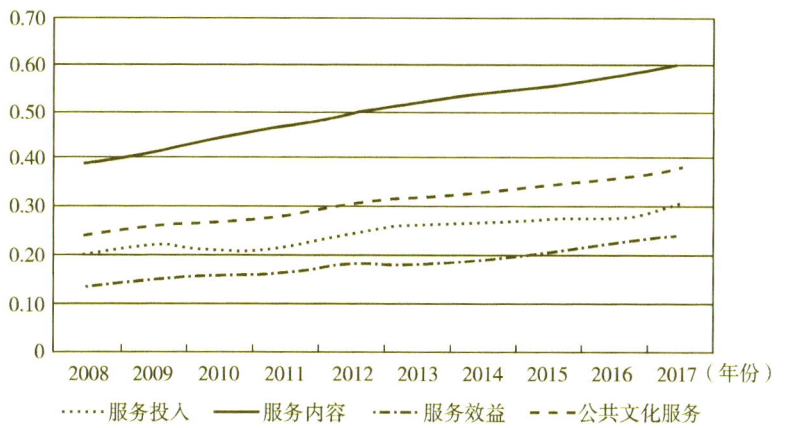

图4-10　公共文化服务综合指数及子指数的发展趋势

表4-10是2008年和2017年公共文化服务综合指数排序，通过2008年和2017年的对比，可以看出来各个省份公共文化服务发展综合指数的相对发展程度。2008年排在前十位的分别是：北京、江苏、广东、浙江、上海、天津、福建、山东、吉林和陕西；到了2017年变为浙江、江苏、陕西、北京、上海、山东、四川、广东、甘肃和湖南。从中可以看出，2008年北京的公共文化服务发展水平位居全国第一位，其服务投入、服务内容和服务效益也处于一个相对较高的水平，但2017年北京的公共文化服务水平仅位居全国第4，这与10年来北京

人口激增，服务北京市民的公共文化设施配套却跟不上有关。2017年，浙江和江苏的公共文化服务综合指数超过北京，位居全国前列，与文化产业发展综合指数相对应。值得关注的是，陕西的公共文化服务综合指数由2008年的排名第10位上升至2017年的第3位，该省的服务投入、服务内容和服务效益都呈现长足的发展，这与陕西注重文化服务机构建设，加大文化事业费投入，增加博物馆文物藏品等工作息息相关，此外，陕西省的公共图书馆总流通人数和艺术表演场馆观众人数也有了一定的提高。湖南的公共文化服务综合指数提升较快，由原来的第25位上升至第10位。在中部地位，湖南文化产业与公共文化服务的发展指数都处于领先地位。甘肃也从2008年的第27位上升至2017年的第9位，增速明显，这应该与当地贯彻执行公共文化服务政策及国家的大力扶持有关。

2008年排在后十位的分别是：宁夏、海南、广西、湖南、内蒙古、甘肃、重庆、云南和西藏，而到了2017年该排名变为辽宁、西藏、河北、江西、重庆、云南、新疆、海南、广西和贵州。西藏地区的公共文化服务发展水平增长较快，从2008年的第30位提升至第23位。与文化产业发展的综合指数下滑相对应，东北三省公共文化服务综合指数排名也出现了较大的下滑。在2008年和2017年，贵州的公共文化服务综合指数一直处于全国较低水平。海南的公共文化服务发展水平由23位降到第29位，降幅较为明显，虽然海南人口较少在公共文化服务发展上不占优势，但是今后需发挥自身旅游景点的优势奋起直追。值得一提的是，河北由第12位降到了第24位，出现了不进反退的情况。仔细观察可知，河北省近年来公共文化服务发展进展较慢，在其他省份不断进步的同时其增幅较为缓慢，存在服务投入不足和服务效益转换困难的问题，今后应借鉴其他省份的发展经验再次实现追赶或者赶超。

表4-10 2008年和2017年各省份公共文化服务综合指数排序

排序	2008年					2017年				
	省份	服务投入	服务内容	服务效益	公共文化服务	省份	服务投入	服务内容	服务效益	公共文化服务
1	北京	0.364	0.636	0.176	0.392	浙江	0.428	0.747	0.626	0.600
2	江苏	0.231	0.637	0.265	0.378	江苏	0.311	0.741	0.624	0.559

续表

排序	2008年					2017年				
	省份	服务投入	服务内容	服务效益	公共文化服务	省份	服务投入	服务内容	服务效益	公共文化服务
3	广东	0.180	0.497	0.455	0.377	陕西	0.544	0.732	0.287	0.521
4	浙江	0.329	0.562	0.185	0.358	北京	0.445	0.722	0.361	0.509
5	上海	0.174	0.631	0.145	0.317	上海	0.419	0.839	0.238	0.499
6	天津	0.198	0.587	0.108	0.298	山东	0.311	0.800	0.382	0.498
7	福建	0.234	0.470	0.141	0.282	四川	0.324	0.758	0.332	0.471
8	山东	0.191	0.483	0.156	0.276	广东	0.225	0.666	0.492	0.461
9	吉林	0.211	0.477	0.109	0.265	甘肃	0.501	0.527	0.191	0.406
10	陕西	0.282	0.387	0.121	0.264	湖南	0.270	0.560	0.312	0.380
11	河南	0.172	0.453	0.155	0.260	湖北	0.228	0.653	0.251	0.377
12	河北	0.135	0.511	0.125	0.257	内蒙古	0.416	0.574	0.137	0.375
13	湖北	0.158	0.463	0.149	0.257	河南	0.220	0.587	0.319	0.375
14	辽宁	0.122	0.507	0.126	0.252	山西	0.317	0.602	0.203	0.374
15	黑龙江	0.139	0.492	0.112	0.248	宁夏	0.457	0.540	0.111	0.369
16	山西	0.263	0.344	0.121	0.243	天津	0.300	0.628	0.164	0.364
17	四川	0.142	0.437	0.145	0.241	福建	0.273	0.574	0.243	0.363
18	江西	0.184	0.405	0.120	0.236	安徽	0.196	0.585	0.235	0.339
19	安徽	0.154	0.416	0.123	0.231	黑龙江	0.267	0.576	0.173	0.339
20	新疆	0.314	0.256	0.093	0.221	青海	0.423	0.492	0.089	0.334
21	青海	0.367	0.179	0.080	0.208	吉林	0.308	0.553	0.138	0.333
22	宁夏	0.179	0.345	0.083	0.203	辽宁	0.195	0.584	0.220	0.333
23	海南	0.182	0.340	0.078	0.200	西藏	0.500	0.416	0.078	0.331
24	广西	0.213	0.255	0.118	0.195	河北	0.185	0.569	0.217	0.324
25	湖南	0.141	0.297	0.144	0.194	江西	0.221	0.529	0.219	0.323
26	内蒙古	0.226	0.251	0.094	0.190	重庆	0.174	0.566	0.205	0.315
27	甘肃	0.277	0.195	0.098	0.190	云南	0.182	0.582	0.180	0.314
28	重庆	0.109	0.342	0.116	0.189	新疆	0.295	0.500	0.115	0.304
29	云南	0.166	0.287	0.109	0.187	海南	0.243	0.511	0.125	0.293
30	西藏	0.178	0.047	0.076	0.100	广西	0.178	0.503	0.186	0.289
31	贵州	0.125	0.048	0.095	0.090	贵州	0.192	0.356	0.146	0.231

由以上分析可知，近年来我国公共文化服务蓬勃发展，已经初步形成了中国特色的公共文化服务模式和基本公共文化服务供给体系。2008～2017年，公共文化服务的发展表现在人均文化事业费迅速增加、每万人拥有图书馆数量和博物馆数量持续上升、广播节目和电视节目的覆盖率不断扩大等方面；但同时也存在诸多问题，如民众需求与政府供给错位，政策指引及规范性比较薄弱，重视硬件建设忽略服务质量的提升等。当前，我国公共文化服务持续快速发展，正处在供给与需求的不断调整时期，新的问题和矛盾不断涌现，这对公共文化服务的工作提出了新的更高的要求。通过对国际公共文化服务现状的梳理和分析，并与我国文化服务的现状进行对照，可以更为清晰地认识我国公共文化服务存在的不足，进一步明确今后努力的方向。通过对公共文化服务现状的研究，可以帮助我们探究该领域发展需求以及今后发展趋势等。随着全球化时代以及科技时代的到来，对公共文化服务提出了更高的要求，我们要采取新的科技手段，提高公共文化服务的供给水平和供给效率，推进服务的均等化和标准化。发达国家的公共文化服务起步较早，发展时间长，为我国公共文化服务理论及实践创新提供了丰富的土壤。作为世界上最具活力的发展中国家的社会主义中国，应该也完全可能在公共文化服务上有所创新，在文化服务上有所突破，形成中国特色公共文化服务体系。

六、本章小结

本章以文化产业与公共文化服务的客观实际为基础，遵循全面性、权威性、可行性、代表性、层次性、动态性等原则，分别构建了文化产业发展指数评价指标体系和公共文化服务发展指数评价指标体系，并对文化产业与公共文化服务的综合指数进行了测算。首先介绍了构建文化产业与公共文化服务指标体系的思路和原则；其次介绍了文化产业与公共文化服务评价指标体系的选取依据；再次在参照前人指标体系的基础上构建了文化产业与公共文化服务的评价指标体系，并对所选取指标的含义进行了诠释；最后以表格形式对文化产业和公共文化服务的指标体系框架进行总结。在已构建的评价体系基础上，利用三标度层次分析法对文化产业与公共文化服务的发展指数进行了定量评价。

总体而言，全国的文化发展和公共文化服务水平经过10年的发展取得了不小的成果，已经初步形成了中国特色的文化发展和公共文化服务模式以及基本的文化发展和公共文化服务供给体系，整体上发展势头较足。分三区域的分析结果表明，我国文化产业与公共文化服务区域发展不平衡的现状仍然存在，东部地区高于中部地区、中部地区高于西部地区，存在着阶梯状的发展差异。比较值得说明的是，东、中、西部地区文化产业的发展差异有扩大的趋势，中西部地区公共文化服务的区域差异正在消除。具体到各省份，北京、江苏和广东的文化发展和公共文化服务综合指数一直处于全国领先水平；而宁夏、青海、甘肃、西藏和海南的文化发展和公共文化服务综合指数一直处于全国较低水平；西部省份的陕西和四川发展较为迅猛，中部省份河南、湖北和湖南的发展也处于相对较高的水平。

文化产业发展指数和公共文化服务发展指数是考查文化产业与公共文化服务重心迁移的基础，也是定量分析两指数协调发展度和相互影响程度的基础。本章所构建评价体系和计量分析结果为后文定量分析提供了数据基础。

第五章　文化产业发展与公共文化服务的重心分析

前文对文化产业与公共文化服务发展水平进行了测算与分析，对全国的文化产业及公共文化服务发展水平进行了初步探讨。本章将利用重心模型计算文化产业与公共文化服务发展水平的空间重心分布情况，并描绘 2008~2017 年文化产业与公共文化服务重心的移动情况，计算两者间的重心偏离度，分析轨迹变动特征。通过重心分析拟对文化产业和公共文化服务的发展轨迹有更新、更细致的认识，明确两者发展的时空分布，为接下来的耦合分析提供前期基础。

一、重心模型简介

1. 空间重心统计

空间重心统计通过借鉴物理学有关重心的概念来刻画属性值空间作用的合力点，体现区域属性值的平衡结构。该方法是空间统计分析技术中分析属性值空间地理分布特征的重要工具。自 Walker（1874）首次将该方法引入社会问题的研究以来，其逐步成为解释社会经济现象的典型方法（吴建寨等，2015）[1]。本书

---

[1]　吴建寨，张建华，孔繁涛. 中国粮食生产与消费的空间格局演变［J］. 农业技术经济，2015（11）：46-52.

借鉴空间重心统计分析技术，构建了文化产业与公共文化服务的空间重心模型：

$$X_t = \frac{\sum_i^n (T_{it} x_i)}{\sum_i^n T_{it}}, \quad Y_t = \frac{\sum_i^n (T_{it} y_i)}{\sum_i^n T_{it}} \quad (5-1)$$

其中，X_t、Y_t 分别表示所研究区域——全国31个省份文化产业与公共文化服务在第 t 年的空间重心经纬度坐标，以此来刻画属性值的空间平均中心；x_i、y_i 表示第 i 个次级区域的经纬度坐标；T_{it} 第 i 个次级区域第 t 年的文化产业（公共文化服务）发展水平。

2. 重心移动方向模型

某区域不同年份之间某种属性的重心移动方向用偏移角度 θ（$-180°$ ~ $180°$）表示，其计算公式如下：

$$\theta_{j-i} = \frac{n\pi}{2} + \arctan\left[\frac{y_j - y_i}{x_j - x_i}\right], \quad (n = 0、1、2) \quad (5-2)$$

其中：(x_i, y_i)、(x_j, y_j) 分别表示第 i、j 年份某种属性的重心坐标。当 $j = i + 1$ 时，θ 表示相邻两个年份的重心偏移角度。本书设定，正东方向为 $0°$，逆时针旋转为正，顺时针旋转为负。当 $\theta_i \in (0°, 90°)$ 时，表明重心向东北方向偏移；当 $\theta_i \in (90°, 180°)$ 时，表明重心向西北方向偏移；当 $\theta_i \in (-180°, -90°)$ 时，表明重心向西南方向偏移；当 $\theta_i \in (-90°, 0°)$ 时，表明重心向东南方向偏移；当 $\theta = 0°$ 或 $\pm 180°$ 时，表明重心向正东或正西方向偏移；$\theta = \pm 90°$ 时，表明重心向正北或正南方向偏移①。

3. 重心移动距离模型

某区域第 i 年某种属性的重心移动距离计算式如（5-3）所示：

$$d_i = c \times \sqrt{(y_j - y_i)^2 + (x_j - x_i)^2} \quad (5-3)$$

其中：(x_i, y_i)、(x_j, y_j) 分别表示第 i、第 j 年份某种属性的重心坐标，c

---

① 李小云，杨宇，刘毅等. 1990年以来中国经济重心和人口重心时空轨迹及其耦合趋势研究[J]. 经济问题探索，2017（11）：5–13.

表示地理坐标与平面投影坐标之间的转换率，一般认为是常数（1°≈111km）。

4. 重心偏离度态势模型

空间重叠性从静态视角衡量"文化产业—公共文化服务"双重心之间的偏离度。某年份文化产业和公共文化服务的空间重叠性用两者之间的距离 l_i 表示，l_i 越小说明两重心间距离越近，重叠性越高。l_i 越大，反映全国文化产业—公共文化服务的空间重心偏离程度，体现二者空间不匹配程度。l_i 的计算式如（5-4）所示：

$$l_i = \sqrt{(y_{jc} - y_{ie})^2 + (x_{jc} - x_{ie})^2} \tag{5-4}$$

其中：(x_{ie}, y_{ie})、(x_{jc}, y_{jc}) 分别代表第 i 年文化产业和公共文化服务重心坐标。

二、文化产业和公共文化服务重心的测算

1. 重心测算结果分析

表5-1是根据重心模型公式计算出的2008~2017年文化产业的空间重心和公共文化服务的空间重心分布格局。就文化产业重心的南北方向而言，纬度的变化范围在34.9°~35.1°，就东西方向而言，经度的变化范围在113.6°~113.9°。就公共文化服务重心的南北方向而言，纬度的变化范围在36.4°~36.7°，就东西方向而言，经度的变化范围在112.8°~113.4°。对比各个省份的经纬度数，可以发现文化产业和公共文化服务的空间重心分布在河南，而且重心的变动范围也在省域内变动。与均值比较发现，对纬度变化而言，文化产业在2015年之前是在均值以北，公共文化服务在2010年之前在均值以北；对经度而言，文化产业和公共文化服务在2012年之前都在均值以东。

表 5-1　2008~2017 年中国文化产业和公共文化服务重心分布格局

年份	文化产业的空间位置 (°)		公共文化服务的空间位置 (°)	
	X	Y	X	Y
2008	113.949	35.079	113.385	36.703
2009	113.887	34.990	113.309	36.723
2010	113.833	35.003	113.243	36.749
2011	113.807	35.023	113.166	36.674
2012	113.801	35.049	113.069	36.608
2013	113.793	35.055	112.992	36.580
2014	113.776	35.048	112.916	36.543
2015	113.745	35.022	112.865	36.520
2016	113.709	34.987	112.839	36.492
2017	113.682	34.961	112.805	36.511
均值	113.798	35.022	113.059	36.610

在对文化产业和公共文化服务进行重心分布格局的计算之后，再对产业基础、产业投入、产业效益、服务投入、服务内容和服务效益等子指数进行相应的分析。表 5-2 和表 5-3 是根据重心模型公式计算出的 2008~2017 年文化产业子指数的空间重心和公共文化服务的子指数空间重心分布格局。就产业基础重心的南北方向而言，纬度的变化范围在 35.68°~36.07°，就东西方向而言，经度的变化范围在 112.6°~113.5°；就产业投入重心的南北方向而言，纬度的变化范围在 33.6°~34.2°，就东西方向而言，经度的变化范围在 114.0°~114.8°；就产业效益重心的南北方向而言，纬度的变化范围在 34.0°~34.6°，就东西方向而言，经度的变化范围在 113.8°~114.5°。与均值比较发现，对纬度变化而言，产业基础在 2014 年之前是在均值以北，产业投入在 2013 年之前在均值以北，产业效益在 2014 年之前也在均值以北；对经度而言，产业基础在 2012 年之前在均值以东部位，产业投入和产业效益在 2013 年之前均在以东。

就服务投入重心的南北方向而言，纬度的变化范围在 37.1°~38.6°，就东西方向而言，经度的变化范围在 111.0°~111.5°；就服务内容重心的南北方向而言，纬度的变化范围在 36.6°~36.8°，就东西方向而言，经度的变化范围在

112.7°~114.5°；就服务效益重心的南北方向而言，纬度的变化范围在34.2°~34.8°，对东西方向而言，经度的变化范围在113.2°~114.1°。与均值比较发现，对纬度变化而言，服务投入、服务内容和服务效益在2010年之前都是在均值以北；对经度而言，服务投入在2013年之前在均值以东，服务内容在2011年之前在均值以东，服务效益在2014年之前在均值以西。

表5-2 2008~2017年中国文化产业子指数重心分布格局

年份	产业基础的空间位置（°）		产业投入的空间位置（°）		产业效益的空间位置（°）	
	X	Y	X	Y	X	Y
2008	113.494	35.742	114.755	34.183	114.214	34.363
2009	113.362	35.685	114.829	34.189	113.886	34.005
2010	113.231	35.935	114.784	34.105	113.822	34.044
2011	113.061	35.830	114.753	34.133	114.251	34.331
2012	112.986	35.913	114.844	34.019	114.358	34.644
2013	112.912	36.076	114.678	34.019	114.237	34.501
2014	112.769	36.001	114.474	33.810	114.511	34.553
2015	112.700	35.981	114.342	33.811	114.281	34.155
2016	112.663	35.967	114.077	33.579	114.190	34.154
2017	112.683	35.920	114.002	33.792	114.257	34.036
均值	112.986	35.905	114.554	33.964	114.201	34.279

表5-3 2008~2017年中国公共文化服务子指数重心分布格局

年份	服务投入的空间位置（°）		服务内容的空间位置（°）		服务效益的空间位置（°）	
	X	Y	X	Y	X	Y
2008	111.391	37.982	114.487	36.713	113.184	34.757
2009	111.412	37.840	114.190	36.817	113.365	34.864
2010	111.487	38.493	113.819	36.745	113.305	34.678
2011	111.441	37.602	113.551	36.660	113.252	34.399
2012	111.043	37.319	113.270	36.667	113.608	34.363
2013	111.388	37.437	113.018	36.658	113.529	34.433
2014	111.125	37.055	112.886	36.705	113.526	34.333

续表

年份	服务投入的空间位置（°）		服务内容的空间位置（°）		服务效益的空间位置（°）	
	X	Y	X	Y	X	Y
2015	111.253	37.197	112.804	36.739	113.673	34.393
2016	111.245	37.257	112.800	36.689	114.044	34.188
2017	111.309	38.636	112.674	36.597	113.859	34.255
均值	111.309	37.682	113.350	36.699	113.535	34.466

2. 重心移动趋势分析

图 5-1 和图 5-2 是根据空间重心模型描绘的文化产业与公共文化服务的重心的动态变化轨迹。根据文化产业的重心时空演变图可以看出，中国文化产业省份重心在 2008 年到 2017 年间在东西方向上集中在 113.682°~113.949°，南北方向集中在 34.961°~35.079°，虽然变化方向没有一定的规律，但是基本集中在一定区域内演变。2017 年底，中国文化产业重心的经纬度为 113.682°E，34.961°N，空间上位于河南省内，偏离中国陆地几何重心（103.25°E，35.33°N），表明中国文化产业发展呈现出区域之间不均衡的特征。导致文化产业重心在出现向东、向南方向较大幅度地移动。2008 年的文化重心较 2009 年向东北方向偏东程度相对较大，通过观察上文中的东北地区省份的文化产业发展综合指数可以发现，东北地区文化产业综合指数发展水平在全国范围内的水平上升幅度相对较高，辽宁、吉林和黑龙江的文化产业发展水平处于高位。进一步对比 2008 年和 2017 年可以发现，相较于 2008 年，2017 年的重心向西南方向移动。2008~2009 年在东西方向是向西保持移动趋势，在南北方向上保持向南的趋势，2009 年之后，东部地区的北京和天津等地的文化产业发展出现上升的趋势，导致文化产业的重心向西南部偏西的方向发生偏移。2010~2013 年转向西北方向，主要是中部省份如山西、陕西的文化产业发展较快。2013~2017 年文化产业发展重心向西南方向偏移，表明该地区的文化产业发展水平快于全国其他地区。

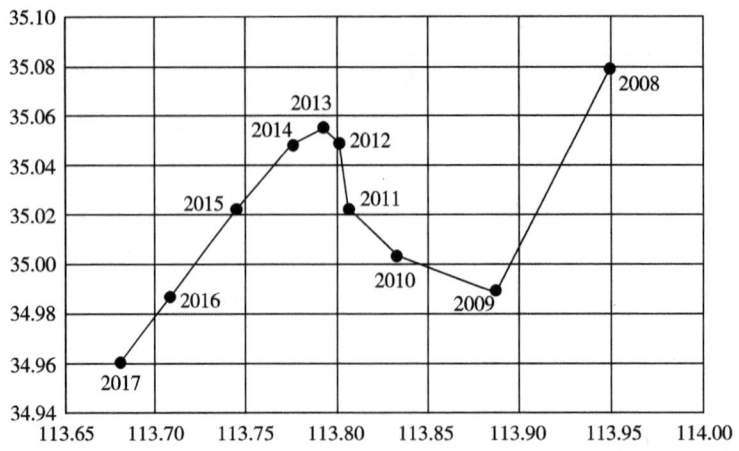

图 5-1 2008~2017 年中国文化产业重心的时空演变

根据公共文化服务的重心时空演变图 5-2 可以看出，中国公共文化服务省份重心在 2008 年到 2017 年间在南北方向上集中在 112.805°~113.385°，东西方向集中在 36.492°~36.749°，变化方向有一定的规律，但是变化范围不大，基本集中在一定区域内演变，说明公共文化服务的区域格局没有很大的变化。截至 2017 年底，中国公共文化服务重心的经纬度坐标为 112.805°E，36.511°N，空间上主要位于河南境内，亦呈现出偏离中国陆地几何重心的特征，表明中国公共文化服务区域间发展不均衡。2008~2017 年大趋势是向西和向南方向移动，移动规律较强。2008~2010 年在东西方向是向西保持移动趋势，在南北方向上保持向北的趋势，2010 年之后转向西南方向移动。值得注意的是在 2017 年中国公共文化服务的发展趋势有向西北方向移动的微弱趋势。分析公共文化服务 2008~2010 年向西向北区域重心变动的原因，可以发现西部地区在这 3 年间公共文化服务增加的相对程度要快于东部地区的公共文化服务指数增长程度。在 2008~2010 年，东北三省的公共文化服务发展水平上升，在公共文化服务投入、公共文化服务保障和公共文化服务产出效益方面上升幅度略快于全国其他地区。2012~2016 年公共文化服务重心向西南方向偏移，表明该地区的公共文化服务发展水平快于全国其他地区。

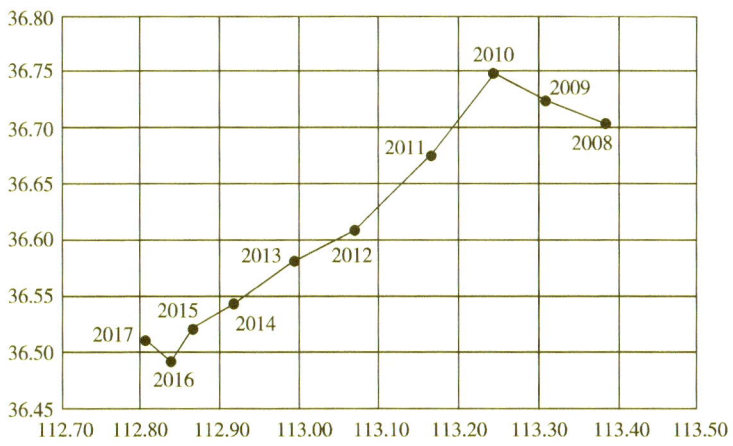

图 5-2　2008~2017 年中国公共文化服务重心的时空演变

对文化产业和公共文化服务进行分析之后，再次从各综合指标的子指数方面进行分析。首先，10 年间文化产业基础的重心变动较为频繁，呈现出先向西南、向西北交替变动的趋势，总体上向西北方向迁移的趋势较为显著，见图 5-3，这与 10 年间我国西部地区国家级非物质文化遗产代表性项目数、人均文化娱乐消费支出占居民人均消费支出比重、高等学校在校生人数、地区互联网普及率等指标数据提升较快有关，表明我国西部地区发展文化产业的基础条件提升较快，潜力十足。

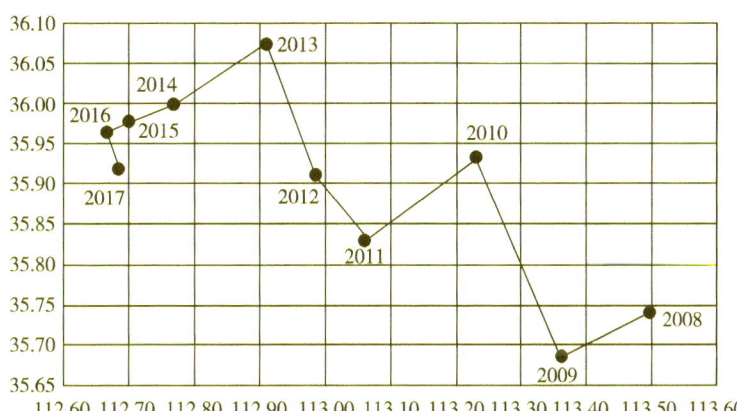

图 5-3　2008~2017 年中国文化产业基础重心的时空演变

在文化产业投入的重心方面，变动规律性也比较强，10年间整体上呈现出由东北向西南扩展的演变态势，表明文化产业资本向中西部地区流动加速，如图5-4所示。

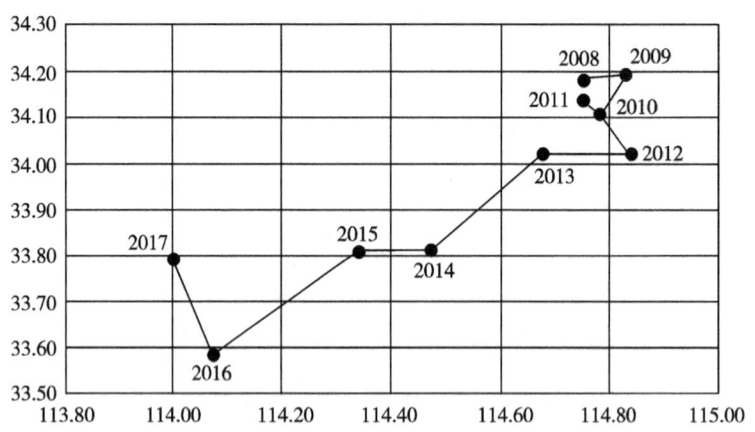

图5-4　2008~2017年中国文化产业投入重心的时空演变

最后，从图5-5可以看出，对于产业效益来说，其重心变动亦较为频繁，但10年间总体表现稳定，表明全国产业效益的格局变化不大，呈现出强者恒强的态势。总体而言，子指数的重心演变趋势与综合指数的基本趋同，与各省份的发展状况紧密相连。

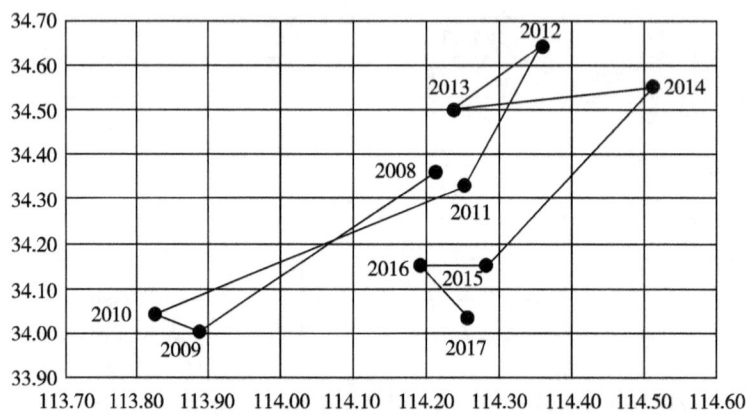

图5-5　2008~2017年中国文化产业效益重心的时空演变

对于公共文化服务来说,从图 5-6 可知,公共文化服务投入的重心在 2008~2011 年变动频繁,但范围不大,总体态势稳定,表明 10 年间全国范围内公共财政对公共文化服务的投入格局变化不大,处于长期稳定的态势。

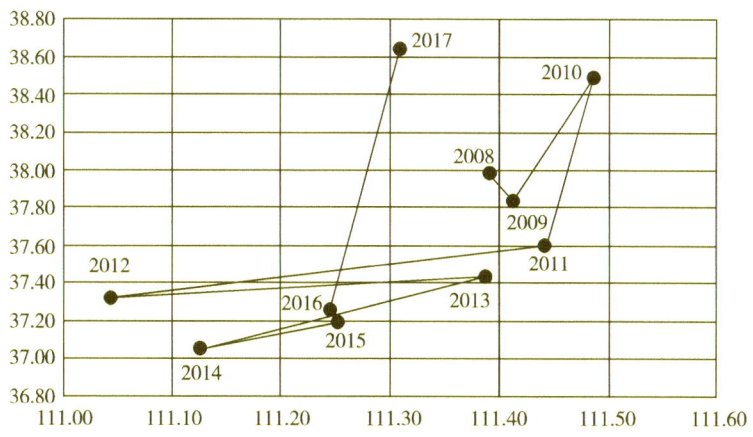

图 5-6 2008~2017 年中国公共文化服务投入重心的时空演变

对于公共文化服务内容来说,其变动趋势比较规律,主要表现为向西向南移动的方向,其中 2008~2011 年的变动幅度较大,随后在 2015~2017 年主要表现出向南发展的变动态势,表明我国中西部地区在服务内容上提升明显,如图 5-7 所示。

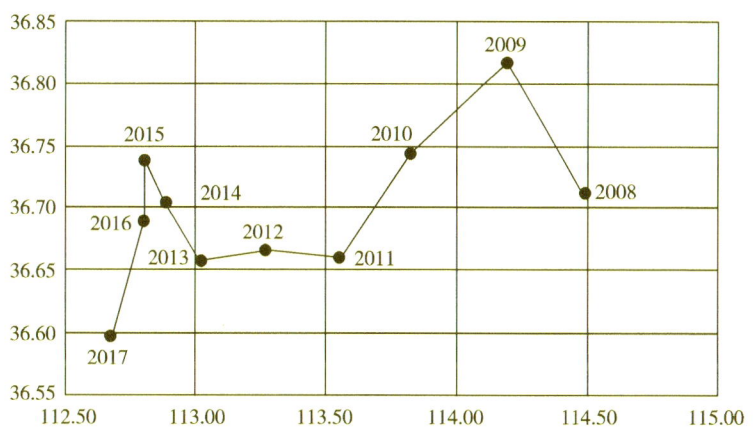

图 5-7 2008~2017 年中国公共文化服务内容重心的时空演变

从图 5-8 可知，公共文化服务效益的重心总体呈现出向东南移动的趋势，具体表现为 2008~2009 年主要向东北、2009~2011 年主要向南、2011~2014 年情况多有反复但总体是向东向南、2015~2016 年是向东南、2017 向西北略有回移的变动轨迹。服务效益重心迁移情况表明，我国东南部地区省份公共文化服务效益明显，在博物馆参观人次、公共图书馆总流通人次、艺术表演场馆观众人次以及文化文物部门所属机构收入指标上领先国内其他地区。

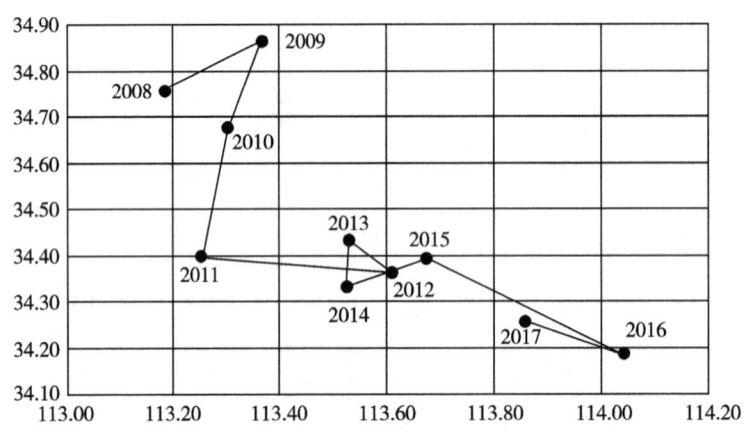

图 5-8　2008~2017 年中国公共文化服务效益重心的时空演变

综合来说，与文化产业发展的状况相似，公共文化服务的子指数也呈现出与综合指数较为类似演变趋势，其变动与各省份公共文化服务的发展息息相关。

表 5-4 展示了 2008~2017 年中国文化产业和公共文化服务重心分布格局，从重心移动距离和重心移动方向两方面入手研究中国文化产业和公共文化服务在空间上的演变历程。就中国文化产业重心移动距离和方向而言，10 年间的中国文化产业重心在 2010~2012 年移动幅度较大，距离为 48.92 千米，其中 2008~2009 年的移动距离占了绝大多部分。在 2008 年开始向西南方向移动了 32.84 千米，之后开始向西北方向移动 14.65 千米，经历了 2010~2012 年大幅度的中心变化之后，又向西北移动 21.30 千米。在向西南移动了 14.96 千米和 5.23 千米之后，从 2015 年开始，移动的趋势基本呈现由西北方向向西南移动的趋势。就中国公共文化服务重心移动距离和方向而言，10 年间的中国公共文化服务发展

重心在 2010～2012 年移动幅度较大，距离为 22.79 千米，移动幅度变动较大的年份区间与中国文化产业发展趋势的特点相似。从 2011 年移动的方向趋势发生变化，由原来的向西北移动变为了向西南移动，一直继续保持向西北的方向变动直到 2017 年发生变化。南北方向上中国公共文化服务重心移动的趋势有很明显的向南趋势，2017 年的时候出现微弱的向北的变动。

表 5-4　2008～2017 年中国文化产业和公共文化服务重心分布格局

年份	文化产业的重心移动距离（千米）	公共文化服务的重心移动距离（千米）	文化产业的重心移动方向		公共文化服务的重心移动方向	
			东西	南北	东西	南北
2008	—	—	—	—	—	—
2009	32.84	11.80	向西	向南	向西	向北
2010	14.65	22.44	向西	向北	向西	向北
2011	62.49	45.63	向西	向北	向西	向南
2012	63.57	45.23	向西	向北	向西	向南
2013	21.30	8.81	向西	向北	向西	向南
2014	14.96	17.34	向西	向南	向西	向南
2015	5.23	21.03	向西	向南	向西	向南
2016	21.23	14.06	向西	向南	向西	向南
2017	5.14	15.56	向西	向南	向西	向北

表 5-5 展示了 2008～2017 年中国文化产业子指数的重心分布格局，从重心移动距离和重心移动方向两方面入手研究文化产业的产业基础、产业投入和产业效益在空间上的演变历程。就产业基础重心移动距离和方向而言，10 年间移动距离较为平稳，大部分稳定在 4 千米左右，总体上是向西发展，在南北方向上多有变动，近年来逐渐呈现出向南发展的态势。就产业投入来说，在 2015～2016 年有较大的移动距离，其移动方向较为多变，占据了所有变动的可能，先向东北，再向西南和西北，然后又向东南变化，最后有向西北变动的微弱趋势。对于产业效益来说，最大的移动距离发生在 2009～2011 年，在此期间，总共的移动距离是 69.84 千米。总体来说，其移动方向主要是西南、西北，其中向西向南的移动的比例较大，但在 2016～2017 年出现向东南移动的趋势。此种变化应与东

南方向经济较为发达、产业效益较高有关。

表 5-5 2008~2017 年中国文化产业子指数重心分布格局

年份	产业基础移动距离	产业投入移动距离	产业效益移动距离	产业基础		产业投入		产业效益	
				东西	南北	东西	南北	东西	南北
2008	—	—	—	—	—	—	—	—	—
2009	14.70	8.19	36.44	向西	向南	向东	向北	向西	向南
2010	14.48	5.02	7.12	向西	向北	向东	向南	向西	向北
2011	18.92	3.34	47.64	向西	向南	向西	向北	向西	向北
2012	8.30	10.09	11.88	向西	向北	向东	向南	向东	向北
2013	8.22	18.47	13.39	向西	向北	向西	向南	向西	向南
2014	15.89	22.68	30.43	向西	向北	向西	向南	向东	向北
2015	7.64	14.65	25.59	向西	向南	向西	向南	向西	向南
2016	4.04	29.34	10.09	向西	向南	向西	向南	向西	向南
2017	2.11	8.36	7.43	向东	向南	向西	向北	向东	向南

表 5-6 展示了 2008~2017 年中国公共文化服务子指数的重心分布格局，从重心移动距离和重心移动方向两方面入手研究从公共文化服务的服务投入、服务内容和服务效益在空间上的演变历程。就服务投入的重心移动距离和方向而言，2011~2012 年移动距离较大，在 39 千米左右，总体上是在东西向和南北方向上多有变动，近年来逐渐呈现出向北发展的态势。就服务内容来说，在 2010~2011 年及 2013~2014 年有较大的移动距离，其移动方向较为固定，整体上向西发展，在向西发展的同时在南北方向多有变动。对于服务效益来说，较大的移动距离发生在 2011~2013 年及 2014~2016 年。总体来说，其移动方向规律性较小。

表 5-6 2008~2017 年中国公共文化服务子指数重心分布格局

年份	服务投入移动距离	服务内容移动距离	服务效益移动距离	服务投入		服务内容		服务效益	
				东西	南北	东西	南北	东西	南北
2008	—	—	—	—	—	—	—	—	—
2009	2.30	32.99	20.04	向东	向南	向西	向北	向东	向北

续表

年份	服务投入移动距离	服务内容移动距离	服务效益移动距离	服务投入		服务内容		服务效益	
				东西	南北	东西	南北	东西	南北
2010	8.34	41.11	6.67	向东	向北	向西	向南	向西	向南
2011	5.04	29.80	5.82	向西	向南	向西	向南	向西	向南
2012	44.21	31.14	39.45	向西	向南	向西	向北	向东	向南
2013	38.29	27.98	8.72	向东	向北	向西	向南	向西	向北
2014	29.22	14.73	0.33	向西	向南	向西	向北	向西	向南
2015	14.19	9.08	16.25	向东	向北	向西	向北	向东	向北
2016	0.84	0.39	41.18	向西	向北	向西	向南	向东	向北
2017	7.05	14.05	20.51	向东	向北	向西	向南	向西	向北

三、文化产业发展和公共文化服务重心偏离度分析

表5-7是根据重心偏离度公式计算出文化产业与公共文化服务的空间重心偏离度和偏离距离。可以发现，两者空间距离从期初的87.8776千米上升至112.2662千米，并在2016年达到峰值140.0330千米，匹配性大幅降低。2008~2010年文化产业重心变化范围不大，但是公共文化服务呈现向西南地区偏离的趋势，导致文化产业和公共文化服务的匹配程度降低，偏离度增加。2010~2011年文化产业重心向西北地区的偏离程度相对较大，缓解了文化产业与公共文化服务的不匹配，使偏离度有所下降。

表5-7 2008~2017年中国文化产业—公共文化服务重心偏离度和偏离距离

年份	文化产业—公共文化服务重心偏离度	文化产业—公共文化服务重心偏离距离（千米）
2008	1.4786	87.8776
2009	1.6697	125.2031
2010	1.6979	118.9082

续表

年份	文化产业—公共文化服务重心偏离度	文化产业—公共文化服务重心偏离距离（千米）
2011	1.5683	96.9473
2012	1.4830	76.5793
2013	1.4832	98.4221
2014	1.4876	94.5948
2015	1.5087	108.4866
2016	1.5114	140.0330
2017	1.5858	112.2662

表 5-8 是根据重心偏离度公式计算出文化产业各子指数的空间重心偏离度和偏离距离。可以发现，产业基础和产业投入两者空间距离从期初的 222.5056 千米上升至 308.1918 千米，在 2014 年达到峰值；产业基础和产业效益的偏离距离在 2017 年达到最大值为 272.5064 千米；产业投入和产业效益在 2010 年就达到了峰值为 106.9830。总体来看，产业基础和产业投入的偏离度最大，产业基础和产业效益的偏离度次之，最小的偏离度是产业投入和产业效益。由此可见，产业投入和产业效益之间是正向的关系，两者关联较为紧密，即投入最终会产生效益。但是产业基础和产业投入间的偏离较大，则要注重产业基础和产业投入间的齐头并进，共同发展。

表 5-8 2008~2017 年中国文化产业子指数间重心偏离度和偏离距离

年份	基础—投入偏离度	基础—投入偏离距离	基础—效益偏离度	基础—效益偏离距离	投入—效益偏离度	投入—效益偏离距离
2008	2.0046	222.5056	1.5553	172.6337	0.5699	63.2635
2009	2.0952	232.5706	1.7598	195.3373	0.9607	106.6421
2010	2.3999	266.3879	1.9807	219.8570	0.9638	106.9830
2011	2.3969	266.0552	1.9141	212.4699	0.5402	59.9570
2012	2.6538	294.5715	1.8691	207.4658	0.7921	87.9242
2013	2.7115	300.9726	2.0588	228.5240	0.6531	72.4960
2014	2.7765	308.1918	2.2654	251.4601	0.7448	82.6758
2015	2.7209	302.0202	2.4152	268.0918	0.3492	38.7602

续表

年份	基础—投入偏离度	基础—投入偏离距离	基础—效益偏离度	基础—效益偏离距离	投入—效益偏离度	投入—效益偏离距离
2016	2.7746	307.9783	2.3700	263.0721	0.5853	64.9640
2017	2.5041	277.9528	2.4550	272.5064	0.3531	39.1992

表5-9是根据重心偏离度公式计算出公共文化服务各子指数的空间重心偏离度和偏离距离。可以发现，服务投入和服务内容两者空间距离从期初的371.4304千米一直下降至179.5505千米，在2015年达到最低点；服务投入和服务效益的偏离距离在2017年达到最大值为562.6920千米；产业内容和产业效益在2016年达到了峰值为310.0904千米。总体来看，服务投入和服务效益的偏离度最大，服务内容和服务效益的偏离度次之，最小的偏离度是服务投入和服务内容。由此可见，服务投入和效益间并未实现投入产出比的最大化，转换为收益的概率可能较低，服务内容与投入和效益的偏离度较小，可知服务内容才是吸引更多客户的关键。未来在注重公共文化服务投入的同时，要全面了解社会大众的需求，从而使投入可以最大限度地转为收益。

表5-9 2008~2017年中国公共文化服务子指数间重心偏离度和偏离距离

年份	投入—内容偏离度	投入—内容偏离距离	投入—效益偏离度	投入—效益偏离距离	内容—效益偏离度	内容—效益偏离距离
2008	3.3462	371.4304	3.6899	409.5811	2.3494	260.7873
2009	2.9607	328.6331	3.5600	395.1577	2.1198	235.2950
2010	2.9149	323.5561	4.2256	469.0471	2.1296	236.3810
2011	2.3104	256.4547	3.6799	408.4656	2.2808	253.1690
2012	2.3210	257.6340	3.9138	434.4356	2.3281	258.4136
2013	1.8071	200.5925	3.6897	409.5539	2.2830	253.4107
2014	1.7954	199.2946	3.6305	402.9910	2.4570	272.7283
2015	1.6176	179.5505	3.7043	411.1723	2.5017	277.6856
2016	1.6556	183.7727	4.1536	461.0447	2.7936	310.0904
2017	2.4535	272.3411	5.0693	562.6920	2.6252	291.3924

2012~2016年,由于公共文化服务重心的持续向西南区域偏移,导致了文化产业与公共文化服务间的偏离度增加,偏离的距离越来越大,倘若两者的匹配程度持续降低,文化产业和公共文化服务就会产生一定的脱离,这将不利于通过文化产业的配置与投资来完善公共文化服务,同时影响文化产业的持续健康发展。近些年来,政府不断出台利好文化产业发展的政策,增加文化产业投资,促进文化产业融合发展,并出台多项措施推进文化产业实体参与公共文化服务,这亦有利于强化这一趋势,提升两者的匹配度。2017年开始公共文化服务重心开始向西北区域发生偏移,文化产业与公共文化服务重心偏离距离有所下降,偏离度也有所降低,具体如图5-9所示。

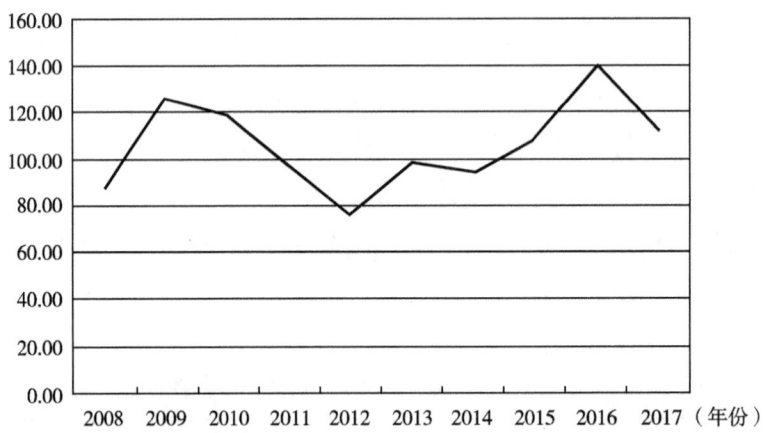

图5-9 2008~2017年文化产业—公共文化服务重心偏离距离

图5-10和图5-11是文化产业发展及公共文化服务各子指数间的重心偏离距离,由图可以直观地发现在文化产业发展中,产业基础与产业投入的重心偏离度大于产业基础与产业效益的偏离度,进而大于产业投入与产业效益的偏离度。正如前面所说,产业投入与产业效益间的衔接较好,可以较大程度地实现投入的产出收益最大化。对于公共文化服务而言,服务投入与服务效益的重心偏离度最大,在2011年之前,服务投入与服务内容的偏离度大于服务内容与服务效益的偏离度;在2011年之后,服务内容与服务效益的偏离度变大,两组偏离度最终在2017年呈现相交的趋势。由此可知,公共文化服务的服务投入与服务收益间尚未实现良好的转换,产出比较低。未来要在重视服务内容和服务形式的基础上

进行服务投入,进而使投入转化为收益。

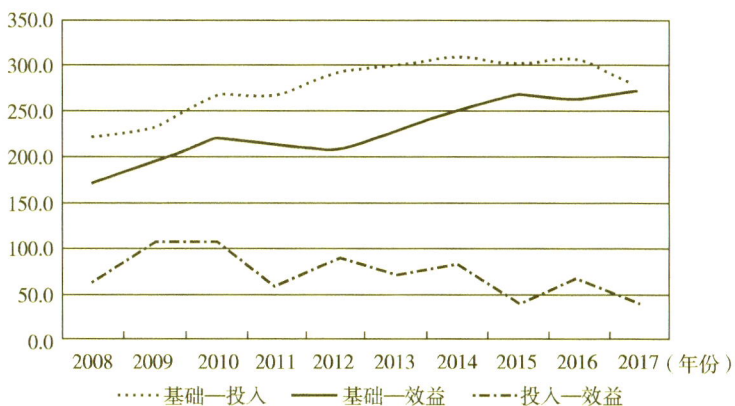

图 5-10 2008~2017 年文化产业发展各子指数间的重心偏离距离

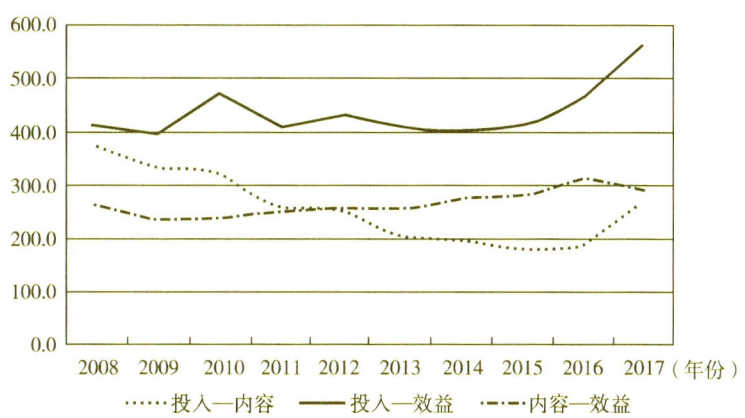

图 5-11 2008~2017 年公共文化服务各子指数间的重心偏离距离

四、本章小结

本文采用重心模型,从时序维度就 2008~2017 年中国文化产业与公共文化服务重心偏离距离、偏离方向同步性进行考察,以此判别两者之间的匹配关系。主要研究结论如下:

(1) 2008~2017年，中国文化产业重心的经度的变化范围在113.6°~113.9°，纬度的变化范围在34.9°~35.1°。中国公共文化服务重心的经度变化范围在112.8°~113.4°，纬度的变化范围在36.4°~36.7°，基本上都处在河南境内。多年来一直偏离中国陆地几何重心（113.594°E，35.825°N），说明中国文化产业以及公共文化服务发展不均衡态势长期客观存在。

(2) 文化产业与公共文化服务的重心格局具有一定的稳定性，10年间，文化产业、公共文化服务均向西南偏移，但公共文化服务的重心移动轨迹更为明显，移动距离更大。公共文化服务重心的格局受国家宏观政策的影响波动性变化特征较为明显，说明公共文化服务均等化政策起到了一定的效果。

(3) 文化产业与公共文化服务匹配度演化。2008~2017年10年间，中国文化产业与公共文化服重心偏离距的移动轨迹呈现M型波动，在2009年和2016年偏离距离较远，2012年偏离距离最近，偏离度最高。如何校正两者的发展方向，使之朝着更加协同的方向发展是未来发展中必须破解的难题。

(4) 由文化产业发展和公共文化服务的子指数可知，对于文化产业发展来说，产业投入与产业效益间的衔接较好，可以较大程度地实现投入的产出收益最大化。对于公共文化服务而言，公共文化服务的服务投入与服务收益间尚未实现良好的转换，产出比较低。未来在文化内容及表现形式上要更注重大众的需求，最大效率地使投入转化为收益产出。

第六章 文化产业发展与公共文化服务的耦合分析

一、系统耦合模型简介

"耦合"（Coupling）这一概念来源于物理学领域，又可称为块间联系，指电路网络之间或者电器元件之间存在的输入输出、密切合作、相互作用、通过一方向另一方传递能量的现象。"耦合度"是对耦合情况的一种度量。模块间联系越多，其耦合性越强，同时表明其独立性越差。近年来，耦合理论被引入哲学社会科学领域，在经济学、管理学领域，耦合理论的引入丰富了可持续发展理论的内涵，成为可持续发展理论的重要内容之一。

与传统的因果关系检验不同，耦合方法为研究者提供了一个较为新颖的研究思路。从研究内容上看，耦合重点考察两个或者多个系统间相互依赖于对方的程度。系统间的耦合情况可以从"协调"和"发展"两个层面考察。协调可以看作是一个截面概念，考察在静态的时间点上（同一时期或同一时点），不同系统间的配合程度；发展可以看作是一个时序概念，考察时间序列上多个截面所反映的系统间的作用过程，具体表现为系统从低级到高级，从简单到复杂的演进。耦合可以看作是"协调"与"发展"的综合，代表着两个或者多个系统在保证自身发展的同时兼顾彼此、协调一致的程度。协调度、发展度是衡量系统耦合关系的两个基本变量，协调度与发展度的共同作用会引发耦合水平的连续变化。当系统和系统的内部要素配合得当时，为耦合优化；反之，当相互摩擦、彼此掣肘时，为耦合劣化。由于文化产业和公共文化服务两者之间具有明确的交互作用关系，因此，本书拟在耦合机制框架内讨论两者关系。

1. 自组织演化

自组织理论是一种系统理论，以复杂系统的演化为研究对象，主要由耗散结构理论、协同学、突变论等组成。自组织演化是指在开放的情况下，系统按照相互默契的原则，从无序向有序演化、从粗糙向精细演化、从低级向高级演化。系统自组织演化的动力来自子系统之间的相互作用，即矛盾双方的排斥、吸引、竞争与合作。在非线性效应下，系统中子系统的组合与调整、互动与协作，使影响一个子系统的有利因素大于限制因素，其中一个子系统获得来自另一个子系统的能量，自身发展阈值增加，进而通过协同效应推动整个耦合系统实现从低级到高级、从简单至复杂的级别转变。

以文化产业发展为例，产业基础、产业投入与产业效益构成一个耦合系统。若要弄清耦合系统的自组织演化过程，首先要明晰产业基础、产业投入与产业效益三个子系统之间的相互作用关系。本书将从生态学中的自我抑制性方程出发，探析耦合系统自组织演化的内在关系及整体跃迁的内涵，并结合耦合模型实证测度该耦合系统自组织演化的现状和趋势。

假设系统 S 内部只存在一个子系统 S_1，则该系统的动态演化方程为：

$$\frac{dS_1(t)}{dt} = r_1 S_1(t) \left[1 - \frac{S_1(t)}{S_{1m}} \right] \tag{6-1}$$

其中，$S_1(t)$ 表示子系统 S_1 在 t 时刻的发展规模，r_1 为发展速度，$r_1 S_1(t)$ 缺乏负反馈，是不可持续的，最终将归于无序状态。因此，通常还存在限制因子。S_{1m} 表示子系统 S_1 的极限状态或阈值，$\left[1 - \frac{S_1(t)}{S_{1m}} \right]$ 表示对文化发展增长的阻滞作用。在这样的情形下，子系统将呈现"S"形动态演化趋势，经历初期的指数式增长和后期向阈值水平的收敛过程，则整个系统 S 也必然呈现相同的趋势。

当存在两个子系统 S_1 和 S_2 时，

$$\frac{dS_1(t)}{dt} = r_1 S_1(t)\left[1 - \frac{S_1(t)}{S_{1m}} - \beta_{21}\frac{S_2(t)}{S_{2m}}\right]$$

$$\frac{dS_2(t)}{dt} = r_2 S_2(t)\left[1 - \frac{S_2(t)}{S_{2m}} - \beta_{12}\frac{S_1(t)}{S_{1m}}\right] \qquad (6-2)$$

子系统的动态演化不仅受到自身阈值的限制，还受到另一子系统发展规模的影响。其中，β_{21}（β_{12}）表示子系统 S_2 对 S_1（S_1 对 S_2）的共生作用系数。根据两个系数的不同取值，子系统间呈现不同的共生模式（见表6–1）。系统 S 的演化类型取决于子系统的非线性相互作用，因此可呈现停滞型、衰退型、增长型三种模式。

表6–1 子系统共生模式与系统演化模式

β_{21} 和 β_{12} 的取值	S_1 和 S_2 共生关系	特点	系统 S 演化模式
$\beta_{21}=0$，$\beta_{12}=0$	独立发展	两个都无影响	停滞型
$\beta_{21}<0$，$\beta_{12}=0$ 或 $\beta_{12}<0$，$\beta_{21}=0$	偏利共生	一个受益 一个无影响	弱增长型
$\beta_{21}>0$，$\beta_{12}>0$	恶性竞争	两个都受损	衰退型
$\beta_{21}<0$，$\beta_{12}>0$ 或 $\beta_{12}<0$，$\beta_{21}>0$	寄生	一个受益 一个受损	弱增长型或衰退型或停滞型
$\beta_{21}<0$，$\beta_{12}<0$	互惠共生	两个都受益	强增长型

需指出的是，几乎所有的子系统之间相互交叉影响，因此共生作用系数不为0，整个耦合系统可能出现的情况即为恶性竞争、寄生、互惠共生三种。以下采用耦合模型进一步解析这三种情况。

2. 二系统耦合

耦合的基本形态是二系统耦合，即两大系统之间的交互作用关系。本书应用的二系统耦合度模型源于廖重斌（1999）的研究成果[①]，其主要的计算过程由如下方程构成。

---

① 廖重斌. 环境与经济协调发展的定量评判及其分类体系——以珠江三角洲城市群为例 [J]. 热带地理，1999，19（2）：171–177.

$$C = XY \Big/ \left(\frac{X+Y}{2}\right)^2 \quad (6-3)$$

$$T = \alpha X + \beta Y \quad (6-4)$$

$$D = \sqrt{C \times T} \quad (6-5)$$

其中，X、Y 表示两个系统各自的综合指数。C 表示协调度，可由二系统的偏离差系数推导得到；T 表示二系统的综合发展水平，可由等产量线推导得到；D 表示耦合度。α、β 为表示两个系统重要程度的权重，以文化产业、公共文化服务二系统为例，在此认为两者同等重要，因此，可设定 α = β = 1/2。

依据式 (6-3) ~ (6-5)，进一步解析两系统的耦合机理，如图 6-1 所示。首先，图 6-1 (a) 中 45°线 C_0 上的点代表的协调程度最高，两侧远离 45°线则依次递减；T_1、T_2、T_3 表示不同的系统综合发展水平，且由 T_1 平移至 T_2，代表系统综合发展水平的持续提高。进一步看，图 6-1 (b) 考虑无差异曲线中更为一般的情况，即以边际技术替代率递减规律构造发展曲线，此时发展曲线变为一簇互相平行的凸曲线，这种情况下一条等发展曲线上的替代率会发生变化，但发展度的意义并未发生变动，均表示越远离原点 O，曲线代表的发展水平越高。其次，如图 6-1 (b) 所示，一方面，在系统综合发展水平无差别时，协调度越高，耦合水平越高，如 B 点优于 D 点和 G 点。另一方面，协调度相同时，位于更高发展无差异曲线上点的耦合水平更高，如 B 点优于 H 点。综上可知，B、D、G、H 四点中耦合度最高的是 B 点。这表明，耦合一方面强调系统间的协调共进，同时又追求系统整体的更高发展水平。

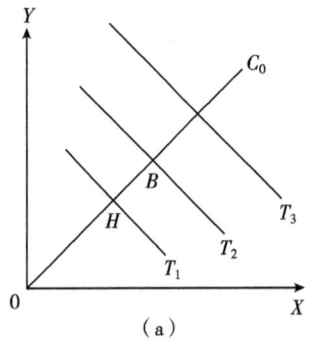
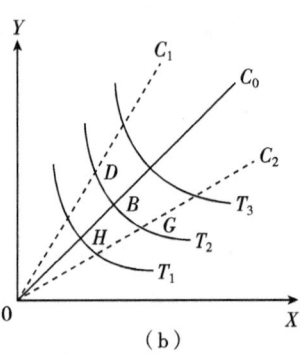

图 6-1　耦合原理解析

第六章 文化产业发展与公共文化服务的耦合分析

耦合度计算结果根据表6-2进行所处类别的具体划分，表6-2是耦合度的判别标准。

表6-2 耦合度的判别标准及划分类型

失调衰退类		协调发展类	
协调度	类型	协调度	类型
0.00~0.09	极度失调衰退类	0.50~0.59	勉强协调发展类
0.10~0.19	严重失调衰退类	0.60~0.69	初级协调发展类
0.20~0.29	中度失调衰退类	0.70~0.79	中级协调发展类
0.30~0.39	轻度失调衰退类	0.80~0.89	良好协调发展类
0.40~0.49	濒临失调衰退类	0.90~1.00	优质协调发展类

二、耦合度的测算与分析

本书基于耦合协调模型对我国31个省份文化产业与公共文化服务的协调发展情况进行了计量分析。表6-3、表6-5、表6-7显示出2008~2017年10年间的协调度C、综合发展度T和耦合度D的数值。结果显示，我国不同省份文化产业与公共文化服务存在着明显的时空分异现象。因此，本书将主要从时间变化维度和空间变化维度两个方面展开分析。

表6-3 2008~2017年我国省域文化产业与公共文化服务协调度

年份 省份	2008	2009	2010	2011	2012	2013	2014	2015	2016	2017	均值
北京	0.977	0.976	0.970	0.944	0.943	0.909	0.903	0.933	0.952	0.961	0.947
天津	0.843	0.921	0.937	0.958	0.962	0.961	0.977	0.983	0.975	0.920	0.944
河北	0.911	0.962	0.971	0.989	0.993	0.997	1.000	1.000	0.996	0.994	0.981
山西	0.906	0.973	0.977	0.988	0.984	0.971	0.977	0.974	0.979	0.943	0.967
内蒙古	0.898	0.830	0.809	0.816	0.803	0.798	0.843	0.835	0.830	0.821	0.828

续表

年份 省份	2008	2009	2010	2011	2012	2013	2014	2015	2016	2017	均值
辽宁	0.898	0.847	0.946	0.966	0.975	0.982	0.988	0.976	0.956	0.941	0.947
吉林	0.779	0.793	0.855	0.879	0.902	0.956	0.963	0.863	0.886	0.839	0.871
黑龙江	0.723	0.778	0.778	0.818	0.868	0.867	0.883	0.860	0.813	0.829	0.822
上海	0.976	0.998	0.994	0.990	0.956	0.934	0.939	0.947	0.942	0.945	0.962
江苏	0.944	0.949	0.965	0.977	0.990	0.993	0.999	0.999	1.000	0.999	0.981
浙江	0.959	0.968	0.972	0.997	0.994	0.998	1.000	0.997	0.989	0.988	0.986
安徽	0.782	0.896	0.895	0.895	0.861	0.947	0.943	0.962	0.979	0.980	0.914
福建	0.928	0.965	0.987	1.000	0.992	0.987	0.996	0.997	0.997	0.995	0.984
江西	0.820	0.804	0.816	0.858	0.914	0.921	0.965	0.978	0.983	0.983	0.904
山东	0.993	0.992	1.000	0.986	0.994	0.998	0.992	0.992	0.997	1.000	0.994
河南	0.896	0.917	0.958	0.942	0.957	0.984	0.993	0.999	1.000	0.999	0.964
湖北	0.943	0.969	0.956	0.991	0.986	0.987	0.998	1.000	1.000	0.999	0.983
湖南	0.984	0.990	0.999	0.994	0.989	0.990	0.984	0.997	0.997	0.999	0.992
广东	0.973	0.993	0.991	0.997	1.000	0.999	0.990	0.985	0.986	0.993	0.991
广西	0.769	0.890	0.825	0.840	0.903	0.890	0.893	0.912	0.961	0.950	0.883
海南	0.661	0.750	0.754	0.826	0.818	0.822	0.845	0.865	0.845	0.769	0.795
重庆	0.912	0.950	0.930	0.931	0.955	0.949	0.970	0.980	0.990	0.985	0.955
四川	0.956	0.965	0.967	0.925	0.935	0.941	0.974	0.968	0.977	0.961	0.957
贵州	0.992	0.997	1.000	1.000	1.000	1.000	0.997	1.000	0.997	0.996	0.998
云南	0.875	0.980	0.976	0.988	0.960	0.993	0.979	0.983	0.968	0.974	0.968
西藏	0.936	0.884	0.934	0.897	0.743	0.725	0.677	0.702	0.733	0.622	0.785
陕西	0.871	0.906	0.916	0.946	0.890	0.883	0.892	0.883	0.880	0.881	0.895
甘肃	0.775	0.818	0.771	0.711	0.647	0.631	0.700	0.706	0.745	0.669	0.717
青海	0.565	0.547	0.731	0.738	0.669	0.623	0.633	0.663	0.664	0.613	0.645
宁夏	0.454	0.617	0.562	0.666	0.702	0.671	0.723	0.700	0.690	0.537	0.632
新疆	0.745	0.670	0.769	0.842	0.806	0.829	0.859	0.866	0.892	0.911	0.819
均值	0.859	0.887	0.900	0.913	0.906	0.908	0.918	0.919	0.922	0.903	0.904

表6-3是根据协调度计算公式计算出的31个省（自治区、直辖市）2008～2017年的文化产业发展和公共文化服务的协调度水平。由表6-3可以看出全国

第六章 文化产业发展与公共文化服务的耦合分析

31个省份文化产业发展和公共文化服务的协调水平在10年间不断发展，协调度在0.45~1，绝大部分省份都有着不断提升的趋势。东部地区的多数省份协调度水平都处于较高的水平，尤其是江苏、浙江、河北、福建、山东和广东五省的协调度均值处于0.98以上；中部地区的山西、河南、湖北和湖南协调度水平在全国处于上游水平，其均值都在0.96之上；西部地区各个省份的文化产业和公共文化服务的协调度也处于比较高的水平，云南的平均协调度达到了0.968，贵州的平均协调度达到了0.998，西藏和新疆的协调度也都在0.78以上。

必须指出的是，在耦合协调度的计算过程中，有时会出现两个或者多个系统综合指数低但耦合度高的现象，这种现象，我们称之为伪协调。伪协调只能说明两个子系统在数值意义上的耦合，不能反映系统现阶段的发展水平，也不能反映系统间的协调互动，因此不构成真正意义上的耦合协调。

由表6-4可知，多数省份存在伪协调的问题，即虽然协调度数值较高，但是追溯到文化产业和公共文化服务综合指数的具体数值可能只是处于中下游水平，这与协调度的计算方式有一定的问题，但主要的原因是综合指数间的不协调。比较明显的省份是山西、湖南、河南、云南、贵州、重庆、江西和安徽，其文化产业和公共文化服务的综合指数在全国范围内的发展水平属于一个中等水平，但是其协调度排序却处于较前面的位置。究其原因，主要是因为文化产业与公共文化服务综合指数未能齐头并进共同发展，两者的协调状态及最终转化出的文化效益未能达到较理想的效果。因此，在着力发展文化产业和公共文化服务的同时，也要注意到两者间存在的伪协调问题，尽量形成相辅相成，良性互动的局面。

表6-4 2017年协调度排序及综合指数对比分析

省份	协调度	文化产业综合指数	公共文化服务综合指数
山东	1.000	0.513	0.498
湖南	0.999	0.379	0.380
河南	0.999	0.363	0.375
湖北	0.999	0.364	0.377
江苏	0.999	0.535	0.559
西藏	0.996	0.123	0.331

续表

省份	协调度	文化产业综合指数	公共文化服务综合指数
贵州	0.995	0.252	0.231
福建	0.994	0.327	0.363
河北	0.993	0.361	0.324
广东	0.988	0.520	0.461
浙江	0.985	0.512	0.600
重庆	0.983	0.265	0.315
江西	0.980	0.269	0.323
安徽	0.974	0.277	0.339
北京	0.961	0.674	0.509
四川	0.961	0.355	0.471
广西	0.950	0.210	0.289
上海	0.945	0.356	0.498
山西	0.943	0.265	0.374
辽宁	0.941	0.235	0.333
天津	0.920	0.241	0.364
新疆	0.911	0.196	0.303
吉林	0.881	0.184	0.333
黑龙江	0.839	0.183	0.339
宁夏	0.829	0.118	0.369
内蒙古	0.821	0.199	0.375
海南	0.769	0.141	0.293
云南	0.669	0.249	0.314
青海	0.622	0.122	0.334
陕西	0.613	0.314	0.521
甘肃	0.537	0.163	0.406
均值	0.903	0.299	0.384

表6-5是根据发展度计算公式计算出的31个省（自治区、直辖市）2008～2017年的文化产业和公共文化服务的发展度水平。由表6-5可以看出全国31个省份文化产业和公共文化服务的发展水平在10年间都处于很低的水平，大部分省份发展度在0.1~0.6，发展跨度较大。东部地区文化和公共文化服务的发展度

在全国 31 个省份来说相对较高，尤其是北京、上海、江苏和广东，文化产业和公共文化服务的发展度分别达到了 0.510、0.365、0.447 和 0.406。中部地区各省份文化产业和公共文化服务的发展度要低于东部地区，大部分省份的发展度在 0.2～0.3，湖北的文化产业和公共文化服务的发展度达到了 0.302。西部地区的文化产业和公共文化服务的发展度处于较低的水平，大多数省份的发展度处于 0.1～0.2，其中较低的是海南、贵州和西藏，说明三省区的文化产业水平和公共文化服务都处于低水平，应该提升文化产业水平，不断加强公共文化服务的建设。

表6-5　2008～2017年中国省域文化产业与公共文化服务发展度

年份省份	2008	2009	2010	2011	2012	2013	2014	2015	2016	2017	均值
北京	0.439	0.448	0.451	0.473	0.518	0.525	0.530	0.557	0.562	0.592	0.510
天津	0.231	0.240	0.246	0.245	0.254	0.258	0.270	0.277	0.274	0.303	0.260
河北	0.212	0.235	0.237	0.238	0.268	0.291	0.308	0.316	0.325	0.342	0.277
山西	0.199	0.212	0.227	0.255	0.272	0.276	0.290	0.305	0.314	0.319	0.267
内蒙古	0.155	0.173	0.196	0.211	0.230	0.237	0.255	0.266	0.265	0.287	0.228
辽宁	0.205	0.257	0.247	0.252	0.268	0.273	0.283	0.288	0.285	0.284	0.264
吉林	0.198	0.211	0.212	0.225	0.235	0.259	0.271	0.252	0.253	0.258	0.238
黑龙江	0.178	0.199	0.206	0.217	0.227	0.250	0.254	0.252	0.260	0.261	0.230
上海	0.285	0.310	0.322	0.334	0.381	0.385	0.393	0.403	0.414	0.427	0.365
江苏	0.323	0.356	0.372	0.411	0.441	0.470	0.494	0.514	0.539	0.547	0.447
浙江	0.313	0.340	0.351	0.375	0.408	0.426	0.454	0.506	0.546	0.556	0.427
安徽	0.173	0.200	0.220	0.245	0.287	0.267	0.275	0.293	0.309	0.308	0.258
福建	0.236	0.250	0.262	0.269	0.283	0.293	0.310	0.331	0.330	0.345	0.291
江西	0.181	0.190	0.205	0.218	0.244	0.250	0.267	0.283	0.297	0.296	0.243
山东	0.261	0.278	0.291	0.321	0.365	0.371	0.405	0.428	0.479	0.506	0.370
河南	0.211	0.233	0.236	0.258	0.270	0.299	0.322	0.343	0.354	0.369	0.289
湖北	0.219	0.248	0.262	0.273	0.307	0.314	0.335	0.338	0.356	0.371	0.302
湖南	0.178	0.198	0.217	0.243	0.235	0.280	0.303	0.331	0.354	0.380	0.272
广东	0.337	0.340	0.366	0.375	0.394	0.401	0.442	0.442	0.470	0.490	0.406
广西	0.144	0.157	0.170	0.195	0.204	0.215	0.239	0.254	0.243	0.249	0.207
海南	0.140	0.151	0.156	0.157	0.176	0.175	0.176	0.179	0.183	0.217	0.171
重庆	0.156	0.175	0.197	0.212	0.217	0.235	0.248	0.268	0.282	0.290	0.228

续表

年份 省份	2008	2009	2010	2011	2012	2013	2014	2015	2016	2017	均值
四川	0.210	0.235	0.262	0.289	0.323	0.363	0.385	0.395	0.420	0.413	0.330
贵州	0.095	0.118	0.131	0.151	0.160	0.174	0.204	0.214	0.232	0.242	0.172
云南	0.149	0.203	0.223	0.206	0.230	0.251	0.242	0.252	0.268	0.282	0.231
西藏	0.085	0.105	0.109	0.134	0.171	0.171	0.204	0.209	0.211	0.227	0.163
陕西	0.209	0.238	0.250	0.264	0.313	0.328	0.338	0.363	0.395	0.418	0.312
甘肃	0.141	0.163	0.176	0.202	0.240	0.251	0.249	0.261	0.270	0.285	0.224
青海	0.139	0.159	0.139	0.150	0.172	0.191	0.216	0.220	0.224	0.228	0.184
宁夏	0.129	0.139	0.165	0.151	0.166	0.176	0.179	0.189	0.197	0.243	0.173
新疆	0.161	0.173	0.182	0.199	0.214	0.223	0.237	0.246	0.244	0.250	0.213
均值	0.203	0.224	0.235	0.250	0.273	0.286	0.302	0.315	0.327	0.341	0.276

通过表6-6可以发现，发展度排在前列的省份主要是东部区域，其次是中部和西部区域的省份。因计算公式的限定，发展度较高的省份需要文化产业和公共文化服务综合指数也较高，即两者间的差距不大。根据表6-6可知，文化产业综合指数大于公共文化服务综合指数的省份有5个，分别是北京、山东、广东、河北和贵州；而公共文化服务较大的省份共26个。由此可见，我国现阶段公共文化服务的发展较文化产业的发展快，服务投入较多、服务内容丰富多样而且服务产出较丰厚，而文化产业的发展相较于公共文化服务处于相对较慢的状态，未来要继续加强产业基础的设立、产业投入的数量和质量以及产业效益的有效转化。

表6-6 2017年发展度排序及综合指数对比分析

省份	发展度	文化产业综合指数	公共文化服务综合指数
北京	0.59167	0.67426	0.50908
浙江	0.55629	0.51233	0.60025
江苏	0.54662	0.53451	0.55873
山东	0.50552	0.51331	0.49772
广东	0.49014	0.51958	0.46070
上海	0.42702	0.35559	0.49845

续表

省份	发展度	文化产业综合指数	公共文化服务综合指数
四川	0.41332	0.35542	0.47122
湖南	0.37976	0.37912	0.38040
湖北	0.37077	0.36448	0.37705
河南	0.36900	0.36276	0.37524
福建	0.34519	0.32726	0.36313
河北	0.34236	0.36101	0.32370
陕西	0.34218	0.31382	0.52115
西藏	0.32255	0.12262	0.33128
山西	0.31925	0.26472	0.37377
安徽	0.30785	0.27700	0.33870
天津	0.30251	0.24125	0.36377
江西	0.29586	0.26880	0.32291
重庆	0.29004	0.26508	0.31500
内蒙古	0.28725	0.19915	0.37536
辽宁	0.28378	0.23459	0.33298
宁夏	0.28271	0.11753	0.36893
甘肃	0.26400	0.16320	0.40620
黑龙江	0.26064	0.18260	0.33868
吉林	0.25837	0.18356	0.33318
新疆	0.24999	0.19649	0.30349
广西	0.24937	0.20952	0.28922
贵州	0.24154	0.25183	0.23124
青海	0.22591	0.12180	0.33430
云南	0.21845	0.24917	0.31428
海南	0.21691	0.14076	0.29306
均值	0.34054	0.29881	0.38397

表6-7是计算得出的2008~2017年我国31个省（自治区、直辖市）文化产业和公共文化服务的耦合发展趋势。通过各省份的耦合均值可以看出全国文化产业和公共文化服务的耦合水平处于较低的初级水平，各省份之间耦合水平存在较大差异。全国按每年的省份均值来看，由0.179增加到0.315，增速为

75.98%,但是整体上仍处于失调衰退类,由严重失调衰退类转化为轻度失调衰退。从东、中、西部三区域来看,均值分别由 0.253、0.165 和 0.114 增加到 0.405、0.306 和 0.231,增速分别为 60.07%、85.45% 和 102.63%,可见西部和中部的增速高于东部,分别由中度失调衰退、严重失调衰退类、严重失调衰退类转化为濒临失调衰退类、轻度失调衰退和中度失调衰退。具体到各省份,按照均值来看,东部地区部分省份文化产业和公共文化服务处于相对较好的发展水平,尤其是北京、江苏、浙江和广东处于濒临失调衰退类。中部地区除黑龙江外,其余省份全部属于中度失调衰退类。西部地区大部分省份文化产业和公共文化服务处于严重失调衰退类,但是四川和陕西的耦合关系分别处于轻度和中度濒临失调发展类,对于西部其他省份以后的发展具有很强的借鉴意义。总体来讲,耦合水平呈现上升的趋势,东部地区文化产业和公共文化服务的耦合水平高于中部地区,中部地区的耦合水平要高于西部地区,西部地区的耦合水平最低。

表6-7 2008~2017年中国省域文化产业与公共文化服务耦合度

年份 省份	2008	2009	2010	2011	2012	2013	2014	2015	2016	2017	均值
北京	0.429	0.437	0.437	0.447	0.489	0.477	0.479	0.520	0.535	0.569	0.482
天津	0.195	0.221	0.230	0.235	0.245	0.248	0.263	0.272	0.267	0.278	0.245
河北	0.193	0.226	0.230	0.235	0.266	0.290	0.308	0.316	0.324	0.340	0.273
山西	0.180	0.206	0.221	0.252	0.268	0.268	0.284	0.297	0.307	0.301	0.258
内蒙古	0.139	0.144	0.159	0.172	0.184	0.189	0.215	0.222	0.220	0.236	0.188
辽宁	0.184	0.218	0.234	0.243	0.262	0.268	0.279	0.281	0.272	0.267	0.251
吉林	0.154	0.167	0.181	0.198	0.212	0.248	0.261	0.217	0.224	0.217	0.208
黑龙江	0.129	0.154	0.160	0.178	0.197	0.216	0.224	0.217	0.212	0.216	0.190
上海	0.278	0.309	0.320	0.331	0.364	0.359	0.369	0.382	0.390	0.404	0.351
江苏	0.305	0.338	0.359	0.401	0.436	0.467	0.493	0.513	0.539	0.546	0.440
浙江	0.301	0.329	0.341	0.373	0.405	0.425	0.454	0.504	0.540	0.549	0.422
安徽	0.135	0.179	0.197	0.220	0.247	0.252	0.260	0.282	0.303	0.302	0.238
福建	0.219	0.241	0.259	0.269	0.281	0.289	0.309	0.330	0.329	0.343	0.287
江西	0.148	0.153	0.168	0.187	0.223	0.230	0.258	0.277	0.292	0.291	0.223
山东	0.259	0.276	0.291	0.317	0.363	0.370	0.401	0.424	0.477	0.505	0.368
河南	0.189	0.213	0.226	0.243	0.259	0.294	0.319	0.343	0.354	0.369	0.281

续表

年份 省份	2008	2009	2010	2011	2012	2013	2014	2015	2016	2017	均值
湖北	0.207	0.240	0.250	0.271	0.303	0.310	0.334	0.338	0.355	0.371	0.298
湖南	0.175	0.196	0.217	0.242	0.232	0.277	0.298	0.330	0.353	0.380	0.270
广东	0.328	0.338	0.363	0.374	0.394	0.401	0.437	0.436	0.463	0.487	0.402
广西	0.111	0.140	0.140	0.164	0.185	0.191	0.214	0.231	0.233	0.237	0.185
海南	0.092	0.113	0.118	0.130	0.144	0.144	0.148	0.155	0.155	0.167	0.137
重庆	0.142	0.166	0.183	0.197	0.207	0.223	0.240	0.262	0.279	0.286	0.219
四川	0.201	0.227	0.253	0.267	0.302	0.342	0.375	0.382	0.411	0.397	0.316
贵州	0.095	0.118	0.131	0.151	0.160	0.174	0.204	0.214	0.231	0.241	0.172
云南	0.131	0.199	0.218	0.203	0.221	0.250	0.237	0.248	0.260	0.274	0.224
西藏	0.080	0.093	0.102	0.121	0.127	0.124	0.138	0.147	0.155	0.141	0.123
陕西	0.182	0.215	0.229	0.250	0.279	0.290	0.301	0.320	0.348	0.368	0.278
甘肃	0.109	0.134	0.135	0.144	0.155	0.158	0.174	0.184	0.201	0.190	0.158
青海	0.079	0.087	0.101	0.111	0.115	0.119	0.137	0.146	0.149	0.140	0.118
宁夏	0.059	0.086	0.093	0.100	0.116	0.118	0.129	0.132	0.136	0.131	0.110
新疆	0.120	0.116	0.140	0.168	0.173	0.185	0.204	0.213	0.218	0.228	0.177
均值	0.179	0.203	0.216	0.232	0.252	0.264	0.282	0.295	0.307	0.315	0.255

对历年计算结果求31个省份的均值，得出2008~2017年协调度、发展度和耦合度的三项数据，表6-8显示了全国协调度、发展度和耦合度变化趋势，其对应趋势图如图6-2所示，三项数据都处在0.1~1，其中协调度较高，发展度处于较低水平，受协调度和发展度影响的耦合值其整体发展较慢，仍处于失调衰退类水平。

表6-8　全国协调度、发展度和耦合度变化趋势描述性统计

年份	样本个数	协调度	发展度	耦合度
2008	31	0.8594	0.2030	0.1790
2009	31	0.8869	0.2236	0.2025
2010	31	0.9003	0.2350	0.2157
2011	31	0.9128	0.2499	0.2320

续表

年份	样本个数	协调度	发展度	耦合度
2012	31	0.9060	0.2733	0.2519
2013	31	0.9076	0.2863	0.2643
2014	31	0.9185	0.3024	0.2821
2015	31	0.9195	0.3152	0.2946
2016	31	0.9225	0.3275	0.3074
2017	31	0.9030	0.3414	0.3151

由图 6-2 可得出如下结论：第一，文化产业发展与公共文化服务综合发展度不断提升，但提升幅度较低。第二，文化产业发展与公共文化服务的协调度持续处于高水平区间，且不断上升，协调度随着发展度的上升而上升。第三，结合表 6-2 的耦合度的判别标准及划分类型可知，整体上文化产业和公共文化服务的耦合度从较低提升到较高水平区间，由严重失调衰退转换为濒临失调协调发展类。

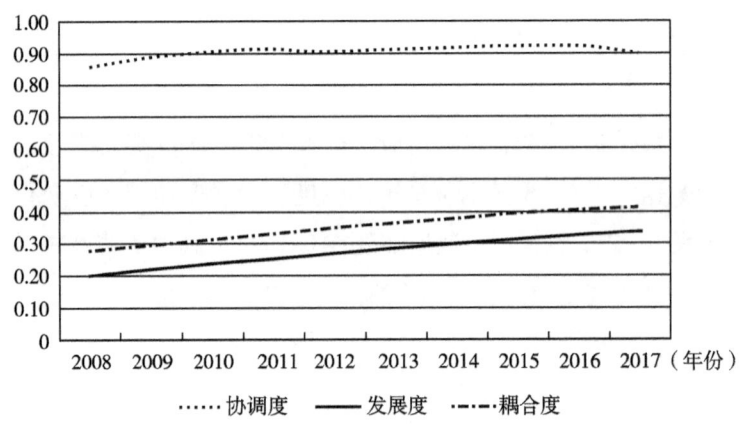

图 6-2　2008~2017 年全国协调度、发展度和耦合度变化趋势

由表 6-9 可直观看到，东、中、西三区域耦合值的变化情况，分别由中度失调衰退、严重失调衰退类、严重失调衰退类转化为濒临失调衰退类、轻度失调衰退和中度失调衰退。耦合值的变化与各区域的协调度和发展度的水平息息相

关，东、中、西区域的协调度分别增长了 4.49%、10.89% 和 5.19%，而发展度分别增长了 54.61%、67.19% 和 91.84%，由此可见，东部的增速慢于中西部，中部在协调度上的增速最快，西部在发展度上的进步最大。总体而言，三区域的文化产业和公共文化服务水平都在增长，但是东部快于中部和西部。

表 6-9　东中西三区域 2008 年和 2017 年耦合度均值变化趋势

2008 年	协调度	发展度	耦合值	2017 年	协调度	发展度	耦合值
东部	0.914	0.271	0.253	东部	0.955	0.419	0.405
中部	0.854	0.192	0.165	中部	0.947	0.321	0.306
西部	0.771	0.147	0.114	西部	0.811	0.282	0.231

由表 6-10 可知，2017 年耦合值排在第一位的省份是北京市，前五位还有浙江、江苏、山东和广东，排在后五位的是陕西、海南、云南、青海和甘肃。与前面的分析类似，虽然发展度低于协调度，但是耦合值较高的省份其协调度和发展度都较为适配。协调是在特定时点上系统间的相互配合程度较高，而发展是考察随着时间的延续，系统间共同变化过程，是一种演进。可见在具体的发展及持续演进上，文化产业发展和公共文化服务的建设仍有较长的路要走，两系统之间或系统内部要素之间要配合得当、互惠互利，共同引致更高的耦合值状态。

表 6-10　2017 年耦合值排序及协调度发展度对比分析

省份	耦合值	协调度	发展度
北京	0.569	0.961	0.592
浙江	0.549	0.988	0.556
江苏	0.546	0.999	0.547
山东	0.505	1.000	0.506
广东	0.487	0.993	0.490
上海	0.404	0.945	0.427
四川	0.397	0.961	0.413
湖南	0.380	1.000	0.380
湖北	0.371	0.999	0.371

续表

省份	耦合值	协调度	发展度
河南	0.369	0.999	0.369
福建	0.368	0.995	0.345
河北	0.343	0.994	0.342
西藏	0.340	0.999	0.323
安徽	0.302	0.980	0.308
山西	0.301	0.943	0.319
江西	0.291	0.983	0.296
重庆	0.286	0.985	0.290
天津	0.278	0.920	0.303
辽宁	0.274	0.941	0.284
贵州	0.267	0.996	0.242
广西	0.241	0.950	0.249
内蒙古	0.237	0.821	0.287
宁夏	0.236	0.823	0.283
新疆	0.228	0.910	0.250
吉林	0.217	0.839	0.258
黑龙江	0.216	0.829	0.261
陕西	0.190	0.528	0.342
海南	0.167	0.769	0.217
云南	0.141	0.652	0.218
青海	0.140	0.593	0.226
甘肃	0.131	0.504	0.264
均值	0.315	0.897	0.341

表6-11是利用文化产业综合指数和公共文化服务综合指数对全国31个省份文化产业发展优先度的计算结果，据此可将2017年全国31个省（直辖市、自治区）划分为三种类型。北京、河北以及广东3个省份属于文化产业优先型，江苏、福建、山东、河南、湖北和贵州6个省份属于同步发展型，其余的22个省份仍处于文化产业滞后型。文化产业发展优先度的计算结果能反映省域文化产业和公共文化服务发展的均衡程度，但不能完全反映出两者耦合协调程度。文化产业发展优先情况可以为地方政府出台政策促进文化产业与公共文化服务协调发展提供决策依据。

第六章 文化产业发展与公共文化服务的耦合分析

表6-11 2017年文化产业发展与公共文化服务耦合类型

省份	耦合值	文化产业综合指数（y）	公共文化服务指数（x）	文化产业优先度（y/x）	优先类型
北京	0.5688	0.6743	0.5091	1.3245（>1.1）	文化产业优先型
天津	0.2782	0.2412	0.3638	0.6632（<0.9）	文化产业滞后型
河北	0.3403	0.3610	0.3237	1.1153（>1.1）	文化产业优先型
山西	0.3009	0.2647	0.3738	0.7082（<0.9）	文化产业滞后型
内蒙古	0.2358	0.1992	0.3754	0.5306（<0.9）	文化产业滞后型
辽宁	0.2670	0.2346	0.3330	0.7045（<0.9）	文化产业滞后型
吉林	0.2169	0.1836	0.3332	0.5509（<0.9）	文化产业滞后型
黑龙江	0.2160	0.1826	0.3387	0.5391（<0.9）	文化产业滞后型
上海	0.4035	0.3556	0.4985	0.7134（<0.9）	文化产业滞后型
江苏	0.5461	0.5345	0.5587	0.9567（0.9-1.1）	同步发展型
浙江	0.5494	0.5123	0.6003	0.8535（<0.9）	文化产业滞后型
安徽	0.3017	0.2770	0.3387	0.8178（<0.9）	文化产业滞后型
福建	0.3433	0.3273	0.3631	0.9012（0.9-1.1）	同步发展型
江西	0.2909	0.2688	0.3229	0.8324（<0.9）	文化产业滞后型
山东	0.5053	0.5133	0.4977	1.0313（0.9-1.1）	同步发展型
河南	0.3688	0.3628	0.3752	0.9668（0.9-1.1）	同步发展型
湖北	0.3706	0.3645	0.3771	0.9667（0.9-1.1）	同步发展型
湖南	0.3798	0.3791	0.3804	0.9966（0.9-1.1）	文化产业滞后型
广东	0.4866	0.5196	0.4607	1.1278（>1.1）	文化产业优先型
广西	0.2368	0.2095	0.2892	0.7244（<0.9）	文化产业滞后型
海南	0.1667	0.1408	0.2931	0.4803（<0.9）	文化产业滞后型
重庆	0.2858	0.2651	0.3150	0.8415（<0.9）	文化产业滞后型
四川	0.3973	0.3554	0.4712	0.7543（<0.9）	文化产业滞后型
贵州	0.2407	0.2518	0.2312	1.0891（0.9-1.1）	同步发展型
云南	0.1425	0.2492	0.3143	0.7928（<0.9）	文化产业滞后型
西藏	0.3221	0.1226	0.3313	0.3701（<0.9）	文化产业滞后型
陕西	0.1806	0.3138	0.5211	0.6022（<0.9）	文化产业滞后型
甘肃	0.1330	0.1632	0.4062	0.4018（<0.9）	文化产业滞后型
青海	0.1339	0.1218	0.3343	0.3643（<0.9）	文化产业滞后型
宁夏	0.2326	0.1175	0.3689	0.3186（<0.9）	文化产业滞后型
新疆	0.2276	0.1965	0.3035	0.6474（<0.9）	文化产业滞后型

三、对耦合度的进一步分析

1. 聚类分析简介

所谓聚类是指按照事物的某些指标,把事物聚集成类,使类间的相似性尽量小,类内相似性尽量大的一个无监督学习过程。由于聚类是将数据分类到不同类别或集群的过程,所以相同聚类的对象非常相似,不同聚类的对象则有很大差异。

在古代分类学中,人们主要依靠生活经验和生活常识进行分类,数学方法很少介入到分类中。随着人类经济社会的发展,有越来越多的事物需要分类,分类的复杂性比之前高了很多,这时数学方法在分类学中的作用开始凸显,以数学工具为依托的数值分类学形成。在此之后,人们又引入了多元分析的技术,形成了聚类分析。与传统的分类不同,聚类所划分的类是未知的。

聚类分析应用广泛,在不同的学科领域聚类技术都能发挥作用,人们用聚类分析法描述数据,衡量不同数据源间的相似性。常用的聚类分析方法在系统聚类、动态聚类、重叠聚类和模糊聚类等。

本节结合文化产业发展指数、公共文化服务发展指数以及两者的耦合度,采用聚类分析进一步研究两者的协调发展情况。

2. 文化产业发展和公共文化服务的聚类分析

本书以文化产业发展指数、公共文化服务发展指数以及两者的耦合度三个指标进行聚类,即每一类按照这三组数据进行划分。具体采用系统聚类法求解,分析步骤为:在原始数据的基础上,以欧式距离法为相似性度量准则,计算出相似性度量矩阵;假定各样本自成一类,则可对基础数据进行分类;将各类中最相似的两类合并成新类;选取组间连接法为求新类相似性的方法,计算新类与其余各类的相似性,再将其中最相似的两类合并,并重复这一步,直到最后聚成一类。

限于篇幅,仅给出便于实际观测的谱系图。为了考察文化产业发展和公共文化服务协调发展情况的变化,本书采用2008年和2017年的数据分别进行了两次聚类,谱系图分别见图6-3和图6-4。

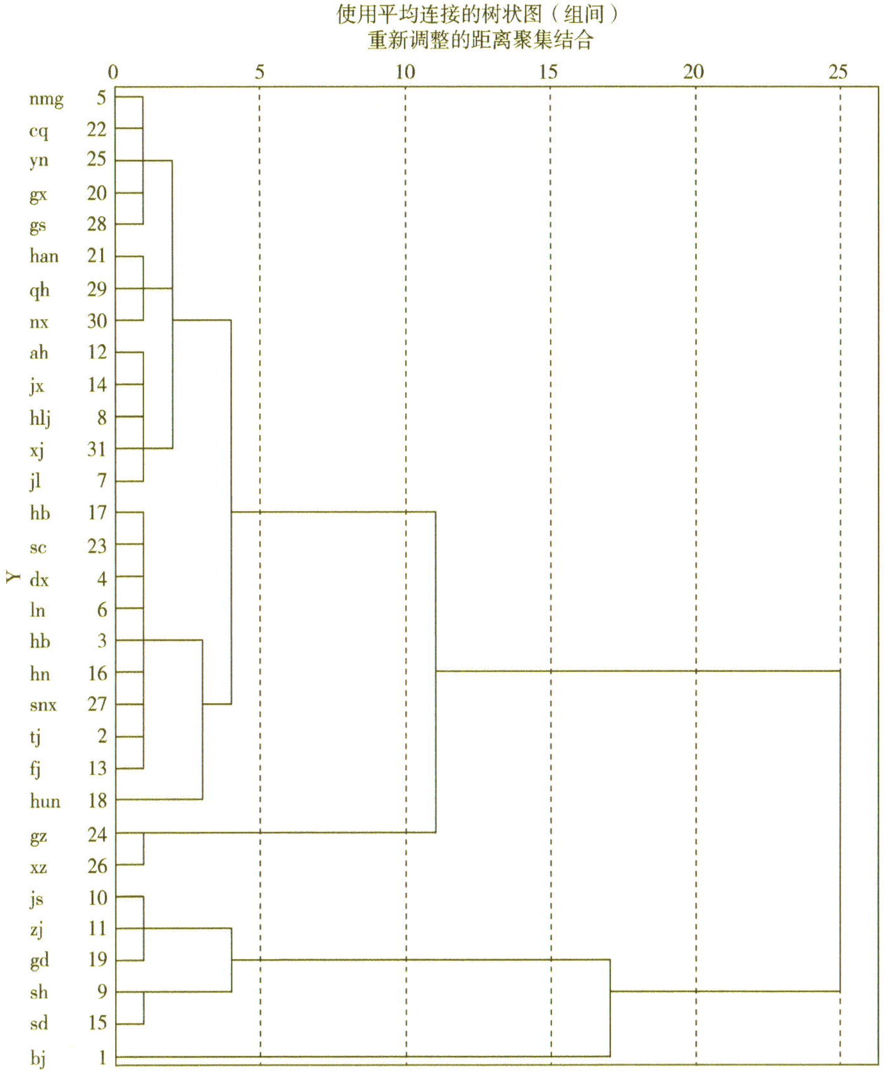

图6-3 2008年聚类谱系图

中国文化产业与公共文化服务协调发展研究

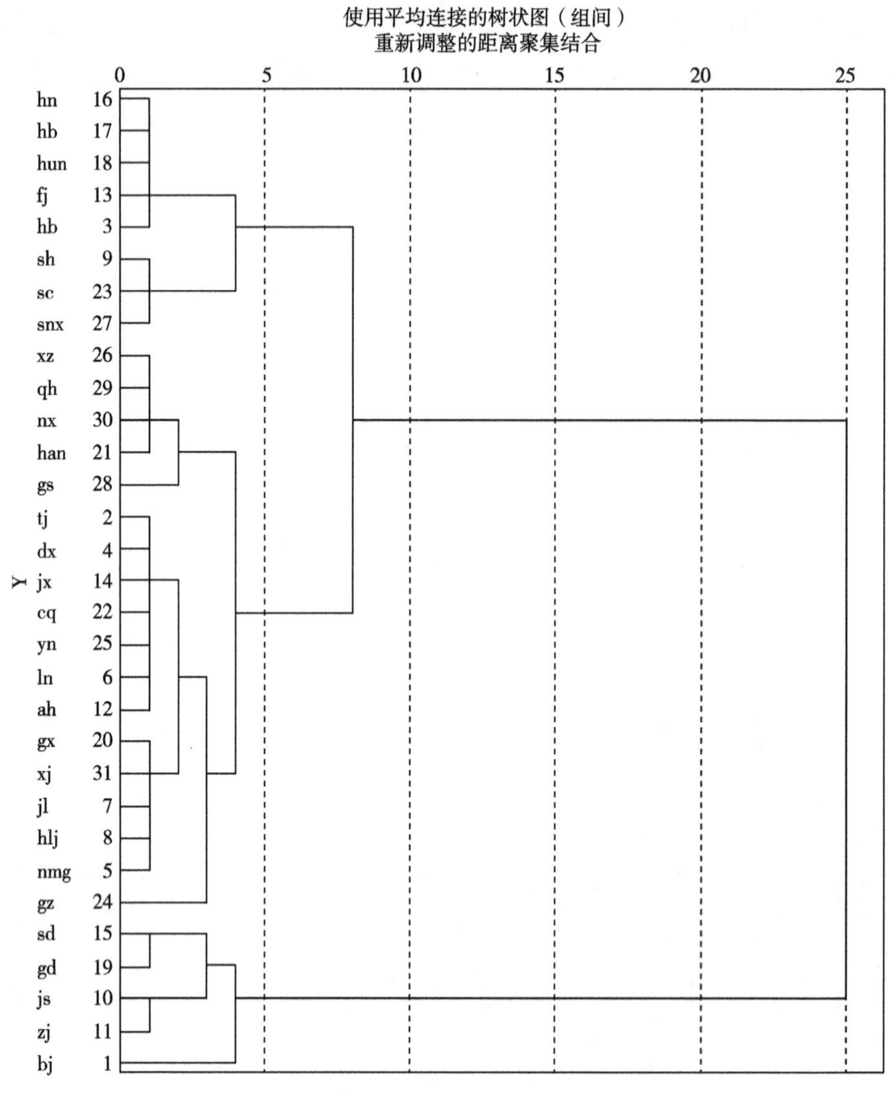

使用平均连接的树状图（组间）
重新调整的距离聚集结合

图 6-4 2017 年聚类谱系图

由表 6-12 可知，文化产业综合指数均值、公共文化服务综合指数均值、耦合度均值从第一类到第四类逐次递减。第一类包含北京、山东、上海、广东、浙江、江苏这六个省份，这是中国东部沿海地区京津冀、长三角和珠三角等核心区域的龙头省份，由表 6-12 可知，第一类的文化产业综合指数均值为 0.3034，公共文化服务综合指数均值为 0.3496，耦合度均值为 0.3167。第一类包含的各省

第六章 文化产业发展与公共文化服务的耦合分析

份文化产业水平、公共文化服务水平代表了全国最高水平。第二类包含湖北、四川、山西、辽宁、河北、河南、陕西、天津、福建、湖南,这些省份综合实力较强,是区域经济和文化发展水平相对最高的省份。第三类主要为东北部和西部省份,包括内蒙古、重庆、云南、广西、甘肃、海南、青海、宁夏、安徽、江西、黑龙江、新疆、吉林,文化产业综合指数均值为 0.1018,公共文化服务综合指数均值为 0.2126,耦合度均值为 0.1161。但是其中有海南和安徽两个省份,究其原因可能是其 2008~2011 年文化产业及公共文化服务发展速度较慢,处于全国较低的水平,后期有追赶向上的趋势,但总体上还是处于后梯队;其余省份是在区域发展中相对较弱的省份,文化产业发展和公共文化服务水平都较低。第四类是贵州和西藏两个省份,由文化产业发展、公共文化服务水平和耦合的均值可知其发展较慢,均值仅为第一类的 1/3 甚至不到。

表 6-12 2008 年中国各省份文化产业和公共文化服务的聚类结果

类别	文化产业发展综合指数均值	公共文化服务综合指数均值	耦合度均值	包含省份
一	0.3034	0.3496	0.3167	北京、山东、上海、广东、浙江、江苏
二	0.1677	0.2546	0.1849	湖北、四川、山西、辽宁、河北、河南、陕西、天津、福建、湖南
三	0.1018	0.2126	0.1161	内蒙古、重庆、云南、广西、甘肃、海南、青海、宁夏、安徽、江西、黑龙江、新疆、吉林
四	0.0855	0.0950	0.1055	贵州、西藏

由表 6-13 可知,2017 年,山东、广东、江苏、浙江、北京成为第一类,其余可划分为三类,一共分为四类。由均值可知,每一类均值都比 2008 年相应的类型有所提升,仍表现出第一类到第四类的文化产业发展综合指数、公共文化服务综合指数和耦合度均值呈现逐次递减的趋势。第一类为山东、广东、江苏、浙江、北京,数据表明以北京和江苏为首的五省份在文化产业、公共文化服务、耦合度三个方面持续上升,遥遥领先,且耦合度已达到勉强协调发展类型。第二类包含河南、湖北、湖南、福建、河北、上海、四川、陕西,其中东部省份三个,其余为中西部省份,表明中部的河南、湖北和湖南,西部的陕西和四川迎头赶

上，达到了福建、河北和上海等地的发展水平。中部的湖南和湖北成为区域文化产业发展和公共文化服务水平均较高的省份。西部仍然由陕西和四川两省占据领先位置。第三类包括的省份较多，具体的为天津、山西、江西、重庆、云南、辽宁、安徽、广西、新疆、吉林、黑龙江、内蒙古、贵州，其中天津、辽宁为东部省份。天津和辽宁之所以处于第三类别，主要是两省市2008~2017年文化产业和公共文化服务的发展水平发展缓慢，虽有上升趋势但总体速度较慢。第四类包括东部的海南，其余的为西部的西藏、青海、宁夏、甘肃。值得注意的是，海南在2008年的时候还处于第三类，在2017年的时候就进入最后的分类区间，具体到其对应的指标可发现海南在文化产业发展和公共文化服务水平上都发展较慢，处于相对落后的水平。西部的西藏、青海、宁夏、甘肃四省经过十年的发展有不小的提升，但整体仍居于落后位置。

表6-13　2017年中国各省份文化产业和公共文化服务的聚类结果

类别	文化产业发展综合指数均值	公共文化服务综合指数均值	耦合度均值	包含省份
一	0.5508	0.5253	0.5312	山东、广东、江苏、浙江、北京
二	0.3524	0.4138	0.3480	河南、湖北、湖南、福建、河北、上海、四川、陕西
三	0.2326	0.3256	0.2493	天津、山西、江西、重庆、云南、辽宁、安徽、广西、新疆、吉林、黑龙江、内蒙古、贵州
四	0.1332	0.3168	0.1977	西藏、青海、宁夏、海南、甘肃

综合对比2008年和2017年的耦合度均值结果可知，第一类的省份由轻度失调衰退类转化为勉强协调发展类，实现了由失调衰退向协调发展的转变；第二类的省份实现了由严重失调衰退向轻度失调衰退的转变；第三类实现了由严重失调衰退向中度失调衰退的变化；而第四类别的省份没有发生转化，仍然停留在严重失调衰退阶段。由文化产业发展和公共文化服务综合指数均值对比可知，各级别间公共文化服务的差距相对较大，文化产业的类别差距较小。对比各类别两个综合指数的相对水平，后三类的省份依旧是公共文化服务发展快，且相对差距更大；第一类变化为文化产业发展更突出，由此可见发展文化产业是其他类型省份

的突破点，尤其第四类公共文化服务和第三类差距已不大，但文化产业发展空间很大，应在文化产业层面投入更多资本。

对比表6-12和表6-13可知，有8个省份在2017年相对2008年下降了一个类别，分别是上海、天津、山西、辽宁、青海、宁夏、海南和甘肃，其中上海是由第一类下降到第二类；天津、山西、辽宁是由第二类下降到第三类，剩余的四个省份是由第三类下降到最后一个类别；只有贵州一个省份由第四类上升到了第三类。对于下降的省份，以上海和天津为例，在文化产业发展方面主要是产业投入和产业效益方面发展较慢，低于各省份的均值；产业基础相对来说发展水平在中上水平，对下降的影响不大；其他省份的下降也基本上是因为产业投入和效益产出不足。在公共文化服务方面，依然以上海和天津为例，主要是服务投入和服务效益较低，服务内容的影响较小。对于指数唯一上升的贵州来说，主要是因为与同类别的省份相比，其在产业基础和产业效益以及服务投入和服务效益方面表现较好。因此，影响省份变化最大的因素主要是产业投入、产业效益和服务投入、服务效益，其中的共同点是要将效益落实到实处，在为大众提供丰富多彩的文化服务和文化环境的同时，也要从经济效益方面考虑问题。文化产业和公共文化服务的落脚点是产出，有了效益才能良性循环，不断发展。

四、本章小结

本章在定量评价结果基础上，运用耦合协调模型对文化产业发展的综合指数和公共文化服务发展的综合指数的协调度、发展度、耦合度进行了测算，并对测算结果进行了聚类分析。

在耦合度测算过程中，首先对所使用的耦合度模型进行说明，定义并阐释协调度、综合发展度和耦合度所代表含义及不同等级类型。其次，说明了文化产业与公共文化服务综合指数与协调度、发展度、耦合度之间的关系。在此基础上，利用之前文化产业发展综合指数和公共文化服务发展综合指数结果，计算出2008~2017年省域文化产业与公共文化服务的协调度、综合发展度以及耦合度。

通过耦合的均值可以看出，全国文化产业和公共文化服务的耦合水平处于较低的水平，各省份之间耦合水平存在较大差异。总体来讲，耦合水平呈现上升的趋势，东部地区文化产业和公共文化服务的耦合水平高于中部地区，西部地区的耦合水平最低。东部地区部分省份文化产业和公共文化服务处于协调发展类，尤其是北京、江苏、浙江和广东处于勉强协调发展类。中部地区处湖北、湖南、山西、江西、河南、安徽等省份全部属于濒临失调衰退类。西部地区大部分省份文化产业和公共文化服务处于中度失调衰退类，但是四川和陕西、云南的耦合关系比较协调，分别处于濒临失调协调发展类，对于西部其他省份具有很强的借鉴意义。

利用文化产业与公共文化服务的综合指数计算出全国31个省份的文化产业优先度，据此将2017年全国31个省份划分为文化产业优先、同步发展、文化产业滞后三种类型。北京、河北以及广东3个省份属于文化产业优先型，江苏、福建、山东、河南、湖北和贵州6个省份属于同步发展型，其余的22个省份仍处于文化产业滞后型。

本章最后以文化产业发展指数、公共文化服务发展指数以及两者的耦合度三个指标对2008年与2017年的数据进行聚类分析。按照聚类结果，2008年和2017年的省份都分为四类，本章对每一类的情况进行了细致的分析。

第七章 文化产业与公共文化服务协调发展的回归分析

根据前文内容，主要关注于由产业基础、产业投入和产业效益组成的文化产业发展与由服务投入、服务内容和服务效益组成的公共文化服务之间的关系讨论，基本可以确定认为文化产业发展能够促进公共文化服务的优化；而公共文化服务亦能够推动文化产业升级。在文化产业与公共文化服务相互协调共同进步的同时，对于各子指数与相交叉综合指数的研究亦需要得到关注。即公共服务综合指数与文化产业三个子指数（产业基础、产业投入和产业效益），文化产业综合指数和公共服务三个子指数（服务投入、服务内容和服务效益）的因果关系如何需要进一步进行探讨说明，讨论其中的作用方向，发现其相互作用的特征，从而可能会得到新颖而有趣的结论。

图 7-1 结果显示，文化产业与服务投入、服务内容和服务效益有一定的关联性；同理，公共文化服务与产业基础、产业投入和产业效益亦存在较强的关系。

变量主要包括文化产业（culindus）、公共文化服务（culservice）；产业基础（background）、产业投入（devoted）、产业效益（benefit）；服务投入（serinput）、服务内容（sercontent）、服务效益（serbenefit）。基本的回归方程如下：

$$\text{culindus}_{i,t} = \alpha_{i,t} + \beta_1 \text{serinput} + \beta_2 \text{sercontent} + \beta_3 \text{serbenefit} + \varepsilon_{i,t} \qquad (7-1)$$

$$\text{culservice}_{i,t} = \partial_{i,t} + \gamma_1 \text{background} + \gamma_2 \text{devoted} + \gamma_3 \text{benefit} + \mu_{i,t} \qquad (7-2)$$

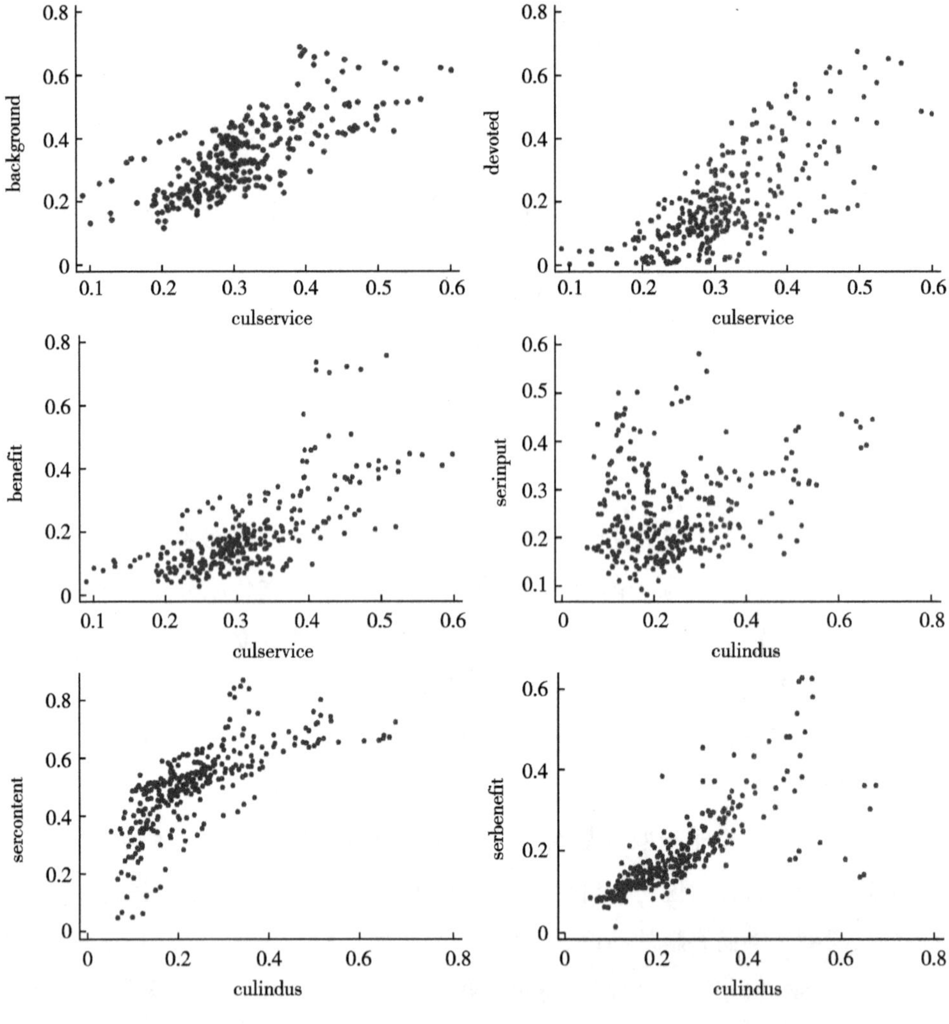

图 7-1 文化产业、公共文化服务综合指数与各子指数的散点

一、面板单位根检验

对两个方程中的变量进行平稳性检验，经过 Levin、Lin 和 Chu（2002）（以

下简称LLC）检验得到结果：所有变量均通过单位根检验，数据是平稳的，不存在单位根，详见表7-1。其余的HT检验、Breitung检验、IPS检验、费雪式检验和HadriLM检验皆显示所有变量通过单位根检验。

表7-1 变量单位根检验结果

变量	检验形式	LLC值	临界值		
			1%	5%	10%
culindus	(0, 0, 1)	-8.56	-3.48	-2.88	-2.57
serinput	(0, 0, 1)	-4.51	-3.48	-2.88	-2.57
sercontent	(0, 0, 1)	-5.87	-3.48	-2.88	-2.57
serbenefit	(0, 0, 1)	-4.62	-3.48	-2.88	-2.57
culservice	(0, 0, 1)	-8.49	-3.48	-2.88	-2.57
background	(0, 0, 1)	-4.05	-3.48	-2.88	-2.57
devoted	(0, 0, 1)	-7.48	-3.48	-2.88	-2.57
benefit	(0, 0, 1)	-5.21	-3.48	-2.88	-2.57

二、格兰杰因果检验

通过单位根检验之后，因数据不是非平稳的，可以不进行协整检验，接下来进行格兰杰因果检验。通常情况下，数据有相关性并不能直接说明其存在因果关系，如果数据间无因果关系但是进行回归，其回归结果可能并不存在实际的经济意义。所以我们对综合指数与各子指数的短期（滞后2期）、中期（滞后6期）和长期（滞后12期）的因果关系进行了检验。检验结果显示，短期中，在5%的置信水平下，不能拒绝公共文化服务（culservice）不是服务投入（serinput）、服务内容（sercontent）、服务效益（serbenefit）的格兰杰原因，服务投入（serinput）、服务内容（sercontent）、服务效益（serbenefit）不是公共文化服务

(culservice) 的格兰杰原因；不能拒绝文化产业（culindus）不是产业基础（background）、产业投入（devoted）、产业效益（benefit）的格兰杰原因，产业基础（background）、产业投入（devoted）、产业效益（benefit）不是文化产业（culindus）的格兰杰原因。即回归方程的各变量间互为因果（见表7-2）。

表7-2　格兰杰因果检验结果

原假设	滞后2期		滞后6期		滞后12期	
	F值	P	F值	P	F值	P
culservice 不是 serinput 的 Granger	3.02	0.032**	3.09	0.041**	2.91	0.072*
serinput 不是 culservice 的 Granger	4.34	0.026**	4.05	0.039**	2.83	0.069*
culservice 不是 sercontent 的 Granger	3.93	0.034**	3.96	0.035**	2.85	0.068*
serinput 不是 sercontent 的 Granger	3.18	0.033**	3.15	0.033**	2.33	0.0754*
culservice 不是 serbenefit 的 Granger	3.21	0.033**	4.08	0.037**	2.08	0.082*
serbenefit 不是 culservice 的 Granger	3.81	0.032**	4.72	0.027**	2.67	0.062*
culindus 不是 background 的 Granger	5.79	0.013**	3.83	0.049**	2.73	0.066*
background 不是 culindus 的 Granger	6.31	0.021**	3.84	0.036**	1.54	0.067*
culindus 不是 devoted 的 Granger	3.53	0.032**	3.72	0.043**	2.06	0.075*
devoted 不是 culindus 的 Granger	3.07	0.033**	3.62	0.038**	1.98	0.072*
culindus 不是 benefit 的 Granger	3.76	0.035**	6.57	0.012**	1.75	0.082*
benefit 不是 culindus 的 Granger	3.86	0.037**	5.93	0.019**	2.91	0.056*

注：*、**分别代表在1%、5%显著水平下拒绝原假设。

在中期，各因素间互为因果的格兰杰的原假设在5%的置信水平下依然被接受。从长期来看，10%的置信水平下，仍然不能拒绝其互为因果。由此可知，不论是在短期、中期还是长期，文化产业发展与公共文化服务始终息息相关，两者的建设存在着千丝万缕的联系，这一结果初步证实了各影响因素与被解释变量的相关性。

三、面板数据回归

1. 全国样本回归

经过单位根检验及格兰杰因果检验之后,应用面板数据模型进行回归。在回归之前经 Hausman 检验,式(7-1)及式(7-2)检验的卡方值分别是 0.5422 和 0.1368,从而无法拒绝 Hausman 检验的原假设,即选择固定效应模型,具体的回归结果如表 7-3 所示。

表 7-3 面板数据模型回归结果

	(1)		(2)
产业基础	0.0215* (1.90)	服务投入	0.5017*** (9.90)
产业投入	0.3086*** (10.37)	服务内容	0.2012*** (4.81)
产业效益	0.5401*** (3.67)	服务效益	0.1307*** (2.67)
常数项	0.0152 (1.37)	常数项	0.0779*** (5.50)

注:括号内为 t 值,*、*** 分别表示在 10%、1% 水平下显著。

如回归结果所示,产业基础、产业投入及产业效益对公共文化服务的影响系数分别是 2.15%、30.86% 和 54.01%,其中产业效益对公共文化服务的影响最大。从而可知,文化产业中的产业效益(由文化产业增加值占 GDP 比重、数字电视用户数、图书新出版种数及分地区广告经营额组成)和产业投入是后续发展中需要特别注意的部分。公共文化服务的发展需要资金及相关配套部门的支持,投入与产出相匹配的时候对供给方的刺激才最大,文化服务的完善与发展需要大众的购买支持才能有动力继续发展。服务投入、服务内容和服务效益对文化产业发展的影响系数分别为50.17%、20.12%和13.07%。总体来说,三者对文化产业的促进作用都超过了10%,其中影响最大的是服务投入(由公共预算文化体育与传媒支出占总预算支出比、人均文化事业费、每百万人拥有公共图书馆数量、每百万人拥有博物馆数量、每百万人拥有群众文化机构数构成)。与公共文化服务相似,文化产业的发展也需要资金投入、财政预算以及各项基础设施的建设。总体而言,文化产业发展和公共文化服务是相互扶持、相辅相成,但两者的发展都需要资金和国家政策的支持,只有全社会的共同建设才有文化产业及公共文化服务的全面发展。

2. 分区域样本回归

在对全样本进行回归之后,联系前面章节的内容可知,不同区域的文化发展及公共文化服务水平处于不同的阶段,两者之间的关联性可能存在差异,因此将全国的样本进行东、中、西区域的划分,从三区域入手进行回归,进一步发现区域内部文化发展及公共文化服务的不同。具体的分为两个表格,表7-4是文化发展的子指数对公共文化服务综合指数的回归结果展示,表7-5是公共文化服务子指数对文化发展综合指数的回归结果。由表7-4可知,对东部区域而言,对公共文化服务影响最大的是产业基础,其次是产业投入,之后是产业效益;对中部区域来说,首先是产业投入,其次是产业基础,最后是产业效益;而对西部地区而言,其与东部区域的情况一致,影响最大的也是产业基础。由此可知,产业投入和产业基础是公共文化服务发展的重要推动力,具体到对应指标,需要扩大人均文化娱乐消费支出、增加高等学校在校生人数、普及互联网、加强文体娱固定资产投资,并且扩大有线广播电视传输干线覆盖面,只有将子指数包含的各项指标落实到实处才能不断引导并提升公共文化服务水平。此外,产业效益的影响较小,但是也不能忽略文化产业增加值、数字电视用户数、图书新出版种数以及分地区广告经营额等对公共文化服务的推动作用。

表7-4 文化产业发展子指数对公共文化服务综合指数的影响结果

系数值	东部	中部	西部
产业基础	0.2445***	0.1516***	0.4082***
	(3.02)	(3.11)	(4.02)
产业投入	0.1678***	0.1885***	0.2934***
	(3.73)	(4.15)	(2.92)
产业效益	0.1414**	0.0078	0.0682
	(2.35)	(0.11)	(0.48)
常数项	0.1693***	0.2125***	0.1232***
	(7.25)	(15.01)	(5.01)

注：括号内为t值，**、***分别表示在5%、1%水平下显著。

表7-5 公共文化服务子指数对文化产业发展综合指数的影响结果

系数值	东部	中部	西部
服务投入	0.6683***	0.2898**	0.0327
	(6.24)	(2.43)	(1.31)
服务内容	0.3744***	0.1440*	0.1249***
	(4.39)	(1.93)	(4.82)
服务效益	0.3289***	0.8593***	0.8376***
	(4.60)	(9.62)	(12.74)
常数项	-0.1381***	-0.0662*	0.0099
	(-3.22)	(-1.91)	(1.02)

注：括号内为t值，*、**、***分别表示在10%、5%、1%水平下显著。

由表7-5可知，对东部地区而言，公共文化服务投入的影响最大，但是对中西部区域来说，服务效益对文化产业的影响更加明显。即人均文化事业费、每百万人拥有公共图书馆、博物馆数量和拥有群众文化机构数及公共预算文化体育与传媒支出占总预算支出比等指标对东部文化产业的发展冲击力度更大；而博物馆参观人次、公共图书馆总流通人次、艺术表演场馆观众人次和文化文物部门所属机构收入等对中西部区域的文化发展有更深的影响，因为经济发展原因，对中西部而言，经济效益或者是公共文化设施的使用频率是要被重点关注的。此外，服务内容的作用也不容小觑,博物馆和图书馆藏品数、文化活动组织次数以及广播和电视节目覆盖率也能在很大程度上反映一个地区的文化活力,并对文化产业发展有重要作用。

综上所述,与全国样本的回归结果类似,分三大区域的回归结果也表明了服务投入、服务内容和服务效益对文化产业以及产业基础、产业投入和产业效益对公共文化服务的重要影响。虽然各子指数对综合指数的影响效果在全国、东中西区域的排序不同,但是其重要性都不容易忽视。文化产业发展与公共文化服务是相辅相成、共同发展的关系,其子指数对综合指数亦有重要影响,回溯到具体指标,需大力发展相对应内容,继而求得文化产业或者公共文化服务水平的长足进步。

四、本章小结

文化产业与公共文化服务发展可视为相互作用的两大系统,耦合度模型尽管可评估两系统间协调度、综合发展度和协调发展度状态,但并不能评估两系统之间相互影响程度。利用综合指数及其系统层各指数面板数据,建立计量模型,对文化产业与公共文化服务综合指数的一级指标进行回归分析,可更精确地描述一级指标之间的相互影响关系。

在构建回归分析模型前,首先对相关变量面板数据进行检验。对两个方程中的变量进行平稳性检验,经过扩展的迪根—富勒检验(ADF)得到结果:所有变量均通过单位根检验,数据是平稳的,不存在单位根。可以不进行协整检验,接下来进行格兰杰因果检验。结果显示,不论是在短期、中期还是长期,文化产业发展与公共文化服务始终息息相关。

回归分析显示,文化产业中产业基础、产业投入及产业效益对公共文化服务的影响系数分别是2.15%、30.86%和54.01%,其中产业效益对公共文化服务的影响最大。公共文化服务中,服务投入、服务内容和服务效益对文化产业发展的影响系数分别为50.17%、20.12%和13.07%。

将全国的样本分东、中、西地区进行回归,结果发现,对东部区域而言,对公共文化服务影响最大的是产业基础,其次是产业投入,最后是产业效益;对中部区域来说,首先是产业投入,其次是产业基础,最后是产业效益;而对西部地区而言,影响最大的也是产业基础;东部地区,对文化产业影响最大的是公共文化服务投入,对中西部区域来说,对文化产业发展影响最大的是公共文化服务效益。

第八章 研究结论与对策建议

一、研究结论

本书基于2008～2017年的宏观数据,构建了文化产业与公共文化服务发展水平的评价指标体系,测算了两者的综合指数,在此基础上利用重心迁移模型、耦合协调模型、回归分析法,从宏观、中观、微观层面探讨了文化产业与公共文化服务的耦合协调关系。

对我国文化产业与公共文化服务协调发展的基础、动力、协同机理的分析表明,文化产业对于公共文化服务的发展有"推力效应",文化产业提供的资金支撑、科技支撑、内容支撑,推动公共文化服务的发展。公共文化服务对于文化产业的发展则表现为"拉力效应",为文化产业的发展奠定了坚实的基础,最终会作用于文化产业的生产机制,带动产业的变革。

研究方发现,中国文化产业与公共文化服务发展重心偏离陆地几何重心,31个省(直辖市、自治区)在文化产业与公共文化服务发展过程中存在协调度高、发展度和耦合度低的现象。主要表现在:

(1) 文化产业与公共文化服务综合指数不高。

一是文化产业发展的总体水平较低。2008～2017年的10年间各省份文化产业发展综合指数差距明显,最高的省份平均文化发展指数的均值可以达到

0.6743，最低的只有0.0553，多数省份在此期间的文化产业发展综合指数处于0.1~0.6。同时，从总体文化产业发展来看，综合指数处于较低水平，全国31个省（自治区、直辖市）的文化产业发展综合指数均值为0.2392，整体发展水平不高。说明我国现在文化产业还有很大的提升空间，文化产业规模、文化产业资源和文化产业效益都处于较低的是水平。

二是公共文化服务的发展也面临着相似的问题。我国的公共文化服务的发展水平与西方发达国家相比，仍处于非常低的水平。再就是公共文化服务的区域发展不均衡，从发展区域上看，北京、上海、江苏、山东、广东等省份公共文化服务发展指数较高，长期处于优势地位；中西部地区虽然具有独特的文化资源优势，但由于经济、地理、交通等条件限制，公共文化服务的发展受到一定的限制。区域不平衡发展将是中国公共文化服务在相当长一段时间内的基本特征与态势。

（2）文化产业与公共文化服务的重心偏离陆地几何重心。

2008~2017年，中国文化产业重心经度的变化范围在113.6°~113.9°，纬度的变化范围在34.9°~35.1°。中国公共文化服务重心的经度变化范围在112.8°~113.4°，纬度的变化范围在36.4°~36.7°，基本上都处于河南境内。多年来一直偏离中国陆地几何重心（113.594°E，35.825°N），说明中国文化产业以及公共文化服务发展不均衡态势长期客观存在。

（3）文化产业与公共文化服务耦合度较低且存在明显区域差异。

2008~2017年31个省（自治区、直辖市）文化产业与公共文化服务耦合的均值可以看出，全国文化产业和公共文化服务的耦合水平处于较低的水平，各省份之间耦合水平存在较大差异。东部地区文化产业和公共文化服务的耦合水平高于中部地区，西部地区的耦合水平最低。东部地区部分省份文化产业和公共文化服务处于协调发展类，尤其是北京、江苏、浙江和广东处于勉强协调发展类。中部地区处湖北、湖南、山西、江西、河南、安徽等省份全部属于濒临失调衰退类。西部地区大部分省份文化产业和公共文化服务处于中度失调衰退类，但是四川和陕西、云南的耦合关系比较协调，分别处于濒临失调协调发展类，对于西部其他省份具有很强的发展借鉴意义。

（4）文化产业与公共文化服务相互作用，相互影响。

利用综合指数及其系统层各指数面板数据,建立计量模型,分别对目标层指数与另一目标层指数所包含子指数进行回归分析发现,文化产业中产业基础、产业投入及产业效益对公共文化服务的影响系数分别是 2.15%、30.86% 和 54.01%,其中产业效益对公共文化服务的影响最大。公共文化服务中,服务投入、服务内容和服务效益对文化产业发展的影响系数分别为 50.17%、20.12% 和 13.07%,其中公共文化服务的投入对文化产业的影响最大。将全国的样本分东、中、西部地区进行回归发现,对东部区域而言,对公共文化服务影响最大的是产业基础,其次是产业投入,之后是产业效益;对中部区域来说,首先是产业投入,其次是产业基础,最后是产业效益;而对西部地区而言,其与东部区域的情况一致,影响最大的也是产业基础;东部地区对文化产业影响最大的是公共文化服务投入,对中西部区域来说,对文化产业发展影响最大的是公共文化服务效益。

二、对策建议

文化产业发展与公共文化服务息息相关,推进文化产业与公共文化服务协调发展是一种着眼于未来的战略选择。结合 31 个省(自治区、直辖市)文化产业与公共文化服务的耦合协调现状可知,要使区域文化产业与公共文化服务进一步融合发展,既要考虑全国层面的政策制度设计,也要考虑区域、省域层面的文化资源基础、交通区位优势等具体因素,基于此,本书分别从全国层面、区域层面、省域层面提出对策建议。

1. 基于全国层面的对策建议

从前文的研究数据看,全国层面上,我国文化产业与公共文化服务综合指数不高,发展重心偏离陆地几何重心,呈现出明显不均衡的态势,因此,要促进文化产业与公共文化服务协调发展,应该从全面层面采取措施,自上而下强力推进,深化体制机制改革、做好顶层设计、完善法律法规、增大文化人才供给、营造好协同创新环境等。

(1) 深化文化体制改革，做好顶层设计。

要厘清文化产业与公共文化服务的辩证关系，避免单纯追求单一指数提升的发展模式。从全国文化建设的总体布局看，文化产业与公共文化服务协调发展是我国建设社会主义文化强国的战略选择。我们有过只重视文化事业的公益属性，完全忽视文化产业的时期，也存在过过度重视文化产业，对公共文化服务投入不足的现象。

要深化文化体制改革，加快构建把社会效益放在首位、社会效益和经济效益相统一的体制机制。要对文化产业和公共文化服务的发展进行统筹规划，以集中有效资源，高效快捷地实现目标，推动文化产业与公共文化服务协调发展，要满足人民过上美好生活的新期待。

(2) 健全文化领域知识产权保护体系。

知识产权保护是文化创意变现的重要环节。文化产业与公共文化服务的协调发展，不可避免地需要面对知识产权合作的问题。要借鉴西方发达国家保护知识产权的成功经验，加强知识产权立法，大力发展知识产权中介组织，提高知识产权管理机构的服务水平，推动知识产权转化率和知识产权管理水平。

要提高文化市场主体知识产权的运用能力。鼓励文化企业将其所拥有的知识产权转化成产品并获得市场竞争力的能力，提高文化企业知识产权在资本、金融领域的运用能力。此外，还要提升文化企业对知识产权的管理能力[1]。

要完善知识产权保护体系，处理好公共文化服务领域公权与私权的关系。由数字技术带来的版权扩张却使公共文化服务与数字版权之间的冲突加剧，公共文化服务所要实现的"公益"必须建立在版权这一"私权"得到充分实现的基础之上[2]，如何平衡公共文化服务中"私权"与"公益"的要求，给立法者提出了考验。

(3) 进一步完善文化人才生态体系。

文化建设的核心问题说到底不是资金问题，不是资源问题，而是人才问题。

---

[1] 王宏. 文化企业的知识产权能力如何提升 [J]. 人民论坛, 2018 (2): 131-133.
[2] 齐崇文. 论公共文化服务中数字版权的实现 [J]. 出版科学 (5): 15-18.

在文化建设中，人才培养是重点，一定要把人才这个问题落实好。

近年来，我国文化产业发展出现了许多新业态，以大数据、区块链、增强现实技术、5G、人工智能等为代表的新型信息技术与文化产业深度融合，实现了良性互动发展。在这种背景下，传统的文化产业人才已经不能适应新的时代要求。"文化产业人才匮乏"已成为制约我国文化产业转型升级的关键因素；在公共文化服务领域，我国原有的公共文化机构在转型发展中同样面临着人才困境，一是原有工作人员的知识结构与创新能力难以适应新时代公共文化服务的发展要求，二是公共文化服务职能的拓展迫切需要大量的专业人才加盟，可市场上符合要求的人才却极为紧俏。

促进文化产业与公共文化服务的协调发展，要坚持人才引领，要协调文化人才的供给端与需求端，进一步完善人才生成的生态体系，引进和培养复合型文化人才。通过产学研融合、订单式培养等途径推动高等院校人才培养体系变革，使厚基础、宽口径与窄专业结合起来，使实习实训与课堂讲授结合起来，解决文化产业人才与公共文化服务人才的兼容性问题。

要创新文化产业人才管理机制，通过聘任机制、培训机制、培养机制打通文化产业与文化事业单位之间的通道，为文化人才的双向流动创造条件，倒逼文化事业单位、国有文化企业人才焕发生机与活力。

（4）促进文化产业与公共文化服务集聚发展。

当前，我国文化产业呈现出集聚发展、数字化发展、融合发展、特色发展、共享发展五大特点，其中，集聚发展是最基本、最常见的形态①。

要推动文化产业集聚区建设，推动人才集聚、项目集聚、技术集聚、资金集聚，为文化产业与公共文化服务的融合发展提供条件。鼓励公共文化服务机构与文化产业园区对接，与文化企业对接，发挥文化集群效应，为双方协同创新提供便利条件。努力打造"文化产业—公共文化服务"协同创新平台，整合区域文化资源、人才资源、科技资源、教育资源，引入社会资本，打造区域文化品牌；要努力实现业态融合化，推进文化与旅游产业、文化与信息产业、文化与金融产业等业态融合发展；要做强、做精"创新链"，促进文化企业与公共文化服务机

---

① 祁述裕. 把握文化产业集聚发展的特点与趋势［N］. 光明日报，2018-12-03（7）.

构之间在资金募集、资源整合、人才信息服务、技术服务方面的协调互动,加速信息流动,带来溢出效应。

(5) 推动文化产业与公共文化服务协同创新。

完善创新环境,为文化产业与公共文化服务的协调发展创造条件。要鼓励双方以内容资源为基础,围绕创新目标,多主体、多因素共同协作、相互补充、配合协作的创新行为。推动文化产业与公共文化服务领域内的协同创新,各级政府可以采取措施促进创新资源和创新要素有效汇聚,通过突破创新主体间的壁垒,充分释放彼此间"人才、资本、信息、技术"等创新要素的活力,共同开发 IP,推动文化资源市场化、产业化。

要激发创新活力,协调好"政产学研金服用"中的各类关系,鼓励公共文化机构与文化企业展开合作,促进公共文化服务供给主体多元化,提高公共文化服务供给水平和供给效率,吸引更多的民营文化企业参与公共文化服务①。

2. 基于区域层面的对策建议

文化产业与公共文化服务的协调发展不是追求同时发展,同步发展,而是要探寻二者在更高层次上的耦合互动。从区域层面看上,东部地区应发挥引领作用,先行先试,带动中西部地区协同发展;中部地区应积极作为,发挥区域优势,实现中部崛起。西部地区可以寻求重点突破,打造区域增长极。东、中、西部地区可以加强合作交流,促进文化产业与公共文化服务协调发展。

(1) 推动东部地区先行先试,引领中西部地区发展。

从文化产业与公共文化服务发展的综合指数看,2008~2017 年东部地区部分省份文化产业和公共文化服务发展指标长期处于全国前列,发展水平相对较高,平均指数分别达到 0.328、0.360。从耦合协调度上看,东部区域省份在耦合类型上多数属于协调发展类,其中北京、江苏、浙江和广东处于勉强协调发展类,发展模式在全国具有一定的示范意义。

东部地区文化产业发展基础较好,经济效益显著,应发挥先行先试优势,促进文化与现代科技、与旅游产业、与信息产业、与金融产业高度融合。东部地区

---

① 林敏娟. 公共文化服务中的民营企业角色 [M]. 北京:中国社会出版社,2014.

省份，如北京、上海、广东等地可以依托区域优势、人才优势、科技优势、金融优势，通过原始创新、集成创新和引进消化吸收再创新等，大力发展数字内容业态，积极抢占文化与科技、文化与金融、文化与相关产业融合发展的制高点①。可着手培育和壮大一批龙头企业，依靠人工智能、大数据、虚拟现实等新技术，搞前沿研发，使内容与形式完美结合，推动创新型文化产品，引领国际风尚②。探索构建起"以政府引导，以企业为主体，以市场为基础，以版权输出为核心，以人才为支撑"的对外文化贸易格局，推动中国文化产业走出国门③。

公共文化服务方面，我国东部地区省份公共文化服务发展的基础好，服务效益高，北京、上海、江苏、浙江、山东和广东2017年公共文化服务发展综合指数分别达到了0.509、0.499、0.559、0.603、0.498和0.461，其中山东和浙江的增幅较为明显。作为国际性大都市的北京、上海应着重提高公共文化服务的效益，提高服务本地居民的能力。江苏、浙江、山东可着力于构建公共文化服务的多元参与机制，提高公共文化服务的市场化供给水平。

东部地区可以通过加大文化产业基础投入的方式带动公共文化服务发展。前文的回归分析结果发现，对东部区域而言，文化产业基础对公共文化服务影响较为显著，其次是产业投入，之后是产业效益；从发展公共文化服务促进文化产业方面的角度看，对东部地区而言，要加大公共文化服务投入，提高人均文化事业经费，增加和新建新的公共文化机构场所，实现公共文化服务与文化产业的良性互动。

（2）中部地区应积极作为，实现中部崛起。

从文化产业与公共文化服务的综合指数看，中部8省份与东部地区相比差距明显，区域内部各省份间公共文化服务发展水平相对接近，但文化产业发展水平差距有扩大的趋势。2017年，山西、河南、湖北和湖南的文化产业发展综合指数处于相对较高水平，安徽、河北和湖北的公共文化服务综合指数处于领先地位。黑龙江和吉林文化产业与公共文化服务表现不佳，增长态势下滑明显，位于中部地区的队尾。

---

① 刘翰辉. 新知新觉：激发文化创新创造活力 [N]. 人民日报，2018-02-07（07）.
② 沈思. 打造具有全球影响力的文化品牌 [J]. 人民论坛，2018（1）：138-139.
③ 黄杰. 推动中华文化"走出去"的新路径 [N]. 学习时报，2018-08-10（003）.

第八章 研究结论与对策建议

从耦合协调情况看，10年间我国中部地区文化产业与公共文化服务的耦合水平呈现上升的趋势，但耦合协调程度不高，湖北、湖南、山西、江西、河南、安徽等省份全部属于濒临失调衰退类。

在文化发展上中部地区可以实行崛起战略，促进文化产业与公共文化服务的高质量发展。近年来，中部地区的经济发展异军突起，已成为全国经济增长动力最为强劲的地区，为文化的发展奠定了坚实基础。中部6省份可利用新型工业化、信息化、产业数字化、智能化方面优势，促进文化与科技的融合发展；利用文化教育方面全国知名高等学府和科研院所的聚焦的优势，促进人工智能、5G、区块链与文化产业的融合发展；利用文化资源优势，打造湘楚文化圈、中原文化圈，助力文化的繁荣兴盛；利用区位优势，承接东部沿海地区的文化产业转移，在全国的文化建设格局中，发挥承东启西、连南通北的重要枢纽作用；随着全国高铁网络形成和国家"一带一路"倡议的持续推进，中部地区的文化建设的优势愈加明显。

受东北经济大环境的影响，黑龙江和吉林两省文化产业与公共文化服务发展综合指数增长乏力，但东北自然和文化资源丰富，绿水青山的生态资源是东北的优势资源，黑龙江和吉林两省可以重点发展特色文化产业，主打"文化+旅游"，依托老工业基地建设工业博物馆、文化馆、纪念馆，开发雪乡文化、黑土地文化、二人转文化，发掘闯关东故事、垦荒故事、抗联故事，开发影视产业、娱乐产业，为东北经济转型提供新动能，为振兴东北做出新贡献。

（3）西部地区应重点突破，寻求差异化发展。

从综合指数看，12个省份中，四川、贵州、云南和陕西的文化产业发展综合指数处于相对较高水平，而内蒙古、广西、重庆、西藏、甘肃、青海、宁夏和新疆8个省份的文化产业发展综合指数都处于相对较低的水平。内蒙古、四川、陕西和甘肃的公共文化服务综合指数处于相对较高水平，宁夏、青海、甘肃、西藏的文化发展和公共文化服务综合指数一直处于全国较低水平。从耦合情况看，西部地区大部分省份文化产业和公共文化服务处于中度失调衰退类，耦合程度不高，但是四川和陕西、重庆、云南的耦合关系比较协调，对于西部其他省份具有很强的发展借鉴意义。

由此可知，尽管西部地区文化产业、公共文化服务发展取得了较大突破，但

·175·

从全国范围看,与东部地区差距明显,区域内部发展也不平衡,整个西部地区西北方向省份的增速普遍低于西南方向,呈现出南快北慢的格局。针对以上问题,西部地区应着力于重点突破,通过四川、云南、陕西、重庆地区文化产业与公共文化服务的快速发展,带动其他区域快速发展。

文化产业方面,西部地区文化产业规模小,规模以上文化企业占比低,新兴文化业态布局缓慢,可支持四川、云南、陕西、重庆等西部地区省份优化文化产业布局,升级传统优势文化产业,在保持文化制造、文化批发零售等传统行业优势的同时,加快发展文化传播、文化演艺、文化娱乐、文化创意等相关产业,做大做强做优一批文化品牌。

公共文化服务方面,尽管西部地区一些省份文化产业发展相对薄弱,但公共文化服务的发展指数却相对较高,部分省份在公共文化服务方面形成了自己的特色做法。前文的回归分析显示,对西部地区来说,提高公共文化服务效益可以对文化产业发展产业重要的影响。中西部地区可以着力提高公共文化服务的效益,促进文化产业与公共文化服务的协同发展。

3. 基于省域层面的对策建议

前文利用文化产业综合指数和公共文化服务综合指数对全国 31 个省级行政单位文化产业发展优先度的计算结果,据此可将 2017 年全国 31 个省(直辖市、自治区)划分为文化产业优先、同步发展、文化产业滞后三种类型。以下将针对这三种情况提出促进文化产业与公共文化服务协调发展的对策与建议。

(1) 文化产业优先型省份。

按照前文测算,在 31 个省(自治区、直辖市)当中,仅北京、河北以及广东 3 个省份属于文化产业优先型。三个省份中,北京属于勉强协调发展类,广东属于濒临失调衰退类,河北属于轻度失调衰退类。

文化产业优先型省份占比小,说明我国多数省份文化产业发展水平落后于公共文化服务保障水平。从表 6 - 11 中的计算结果得知,北京、广东、河北的文化产业优先度分别是 1.3245、1.1278 和 1.1153,其中,北京地区文化产业的发展指数领先公共文化服务发展指数较多,文化产业与公共文化服务出现了一定程度上的失衡,这是一个值得警惕的现象。

文化产业优先型省份在继续推动文化产业高速发展的同时,要防止公共文化服务发展严重滞后的情形出现,积极推动文化产业反哺公共文化服务。

要加大文化事业经费投入,人均文化事业经费保障是地方公共文化服务发展的基本保障。2018年全国人均文化事业费66.53元,同比增长8.1%,北京、河北、广东人均文化事业费分别为166.73元、33.5元、72.91元,居全国31个省份的第3位、第28位和第10位,考虑到北京、河北、广东的总体经济实力,文化事业经费的投入仍有较大的增长空间。

要积极推动文化产业反哺公共文化服务,为文化企业履行社会责任提供途径。企业参与公共文化服务,一方面可以分担政府的财政压力,另一方面还可以通过参与社会公共服务体系建设,加强政商关系,将自己的要求直接反映到政府部门①。

要注重提高公共文化服务供给效能。效能是指公共文化服务的效率和效果。新时代,随着我国公共文化服务体系的建成,我国公共文化服务的重心也面临着要努力实现由"体系建设"到"效能建设"的重大转变。要推动公共文化服务数字化。公共文化服务数字化建设是满足人民群众精神文化需求的必然选择,也是健全公共文化服务体系的题中之义②。

(2)同步发展型省份。

依据前文测算结果,江苏、福建、山东、河南、湖北和贵州6个省份属于同步发展型。同步发展能说明该省份文化产业与公共文化服务发展水平的综合指数相当,但同步发展并不代表该省份的耦合协调度高。从2017年的耦合协调情况看,江苏和山东属于勉强协调发展类,福建、河南与湖北属于轻度失调衰退类,贵州属于中度失调衰退类。因此,同步发展型省份应着力提高文化产业与公共文化服务的耦合协调度,促进文化产业与公共文化服务内涵发展。

江苏和山东是文化大省,也是经济发展强省,处于我国文化产业与公共文化服务发展的第一梯队,文化产业与公共文化服务发展相对均衡。数据显示,江苏省2017年文化产业增加值已增长到3979亿元,规模以上文化企业7884家,营

---

① 胡安源. 国有企业参与公共服务体系建设研究[J]. 山东社会科学,2015(2):163-168.
② 张海涛. 借助数字化提升公共文化服务水平[J]. 人民论坛,2018(29):136-137.

业收入达1.41万亿元，连续多年位居全国前列。与江苏相比，山东的文化产业总量规模要稍弱一些，2017年山东文化产业增加值约3120亿元，规模以上文化产业单位数4683家，营业收入6523.2亿元。江苏和山东应着力优化文化产业结构，在提高传统文化产业发展质量的同时，发展文化产业新业态，催生文化产业新动能，探索文化产业与信息技术、网络技术、数字技术对接，在网络游戏、网络视听、手机文化、网络出版、数字节目、三维动画等一系列新的文化业态上寻求突破。公共文化服务方面，江苏和山东应着力提高公共文化服务效益，促进公共文化服务均等化。江苏要重点关注苏北地区的公共文化服务保障工作，山东要重点关注鲁西和鲁南地区公共文化服务的保障水平，促进公共文化服务均等化。

河南、湖北地处中原，文化产业目前仍处于起步阶段，发展质量不高、总量偏小，占GDP比重低于全国平均水平，尚未形成支柱性产业。湖北、河南应在巩固传统优势文化产业的基础上，大力发展数字出版等相关产业，加快传统文化产业的现代化转型。要出台政策，鼓励中原出版传媒集团、长江出版传媒集团等地方文化企业做大、做强、做优，跨区域兼并收购，拓展商业版图。在公共文化服务方面，2017年河南人均文化事业经费投入仅为26.31元，连续多年处于31个省份中的最后一位。同比之下，湖北省2017年人均文化事业费58.28元，在全国排名第18位且排名逐年上升。应继续加大经费保障，加强公共文化机构建设，提高公共文化服务效能。

贵州文化产业与公共文化服务综合指数不高，但贵州的民族文化资源丰富、特色鲜明。全省有3个自治州、11个自治县、193个民族乡，占全省总面积的55.4%。可以此为依托发展"黔系列"民族文化品牌，通过建设民族文化馆、博物馆、纪念馆、群艺馆等文化场所，提供公共文化供给水平。通过发展特色文化产业，将文化产业与特色鲜明的黔酒、黔茶、黔银、黔绣、黔珍、黔菜、黔艺、黔织、黔景、黔节结合起来，助力发展多彩贵州民族特色文化强省和公共文化服务强省。

（3）文化产业滞后型省份。

根据前文分析结果，在全国31个省份中，天津、山西、内蒙古等22个省份属于文化产业滞后型。文化产业滞后型省份占比高说明在我国大部分省份文化产业发展的任务仍然非常紧迫。

从耦合协调情况看，在这22个省份当中，除浙江属于勉强协调发展类、上海属于濒临失调发展类耦合协调度较高外，其余省份多数属于失调衰退类。从前文数据可知2008~2017年，浙江、上海文化产业与文化产业的综合指数一直处于全国前列，其中公共文化服务的发展情况要领先于文化产业。究其原因，浙江、上海处于改革开放的前沿，浙江率先对公共文化服务体系进行了变革，较早确定了公共文化服务的领先地位，上海则是注重对公共文化服务的投入，10年间人均文化事业费长期位于全国31个省份中的前2位，公共文化服务优势明显。长远来看，浙江和上海应注重公共文化服务对文化产业的促进作用，为文化产业的发展提供支撑条件。

在22个文化产业发展滞后的省份中，中西部地区的省份占了绝大部分。其中，宁夏、青海、甘肃、西藏、海南五省份文化产业与公共文化服务发展失衡严重，文化产业优先度不足50%，黑龙江、吉林、内蒙古文化产业优先度占比不足60%，属于文化产业滞后较为严重的省份，应大力发展文化产业，通过文化产业的发展，补足短板，促进与公共文化服务的协调共进。

一是要通过体制改革培育壮大文化产业市场主体。2018年末，我国共有文化产业法人单位210.3万个，中部西部地区的占比仅分别为22.0%、18.0%，区域间差异较大。中西部地区省份要坚持龙头企业与小微企业两手抓，国有企业与民营企业共同发展，促进文化企业市场主体多元化。国有文化企业在传播文明、传承文化、引导社会、教育人民、维护国家文化安全和意识形态安全上发挥着中流砥柱的作用①。民营文化企业是当前的电影电视剧制作、演艺、动漫游戏、印刷复制、出版物发行等文化领域的"生力军"，与国有文化企业相互补充，共同推动我国文化产业的发展。

二是要优化文化产业发展结构。要积极推动文化产业结构优化升级，加快文化领域新旧动能转换。当前我国文化产业领域，文化服务业增快于文化制造业、文化批发和零售业；文化核心领域营业收入高于相关领域的增速；文化新业态发展增速快、占比高。文化产业发展滞后型省份应把握住文化产业发展的趋势，推

---

① 周兵. 不断壮大国有文化企业——深入学习习近平新时代中国特色社会主义思想 [J]. 中华魂, 2018, 319 (5)：31-35.

进供给侧改革,实现文化产业结构的转型升级。

三是要重点发展,陕西、四川、湖南、重庆等文化产业基础相对较好的省份可以重点发展文化旅游、文化制造、艺术设计、新媒体、影视动漫、广播电视集成播控、视频直播等基于互联网和移动互联网的新兴文化业态,使之成为文化产业发展的新动能和新增长点。

四是要走联合发展、特色发展发展之路。中西部省份可引进东部地区文化资本、文化企业,通过合资、入股、共建等形式开发本地文化资源,打造本土文化品牌。内蒙古、新疆、宁夏、黑龙江等省份可基于民族特色和区域特色发展推动文化产业与旅游、餐饮、考古、农业融合发展,形成区域文化产业特色,避开与东部某些文化产业领域的直接竞争,走差异化之路。

五是要促进文化资源创造性转化和创新性发展。对历史文化资源、民族文化资源丰富的省份,要努力发掘历史遗迹、神话传说、历史故事、风俗物产,依托现代技术手段,以内容创新、技术创新、形式创新为导向,找准文化资源与文化创意的契合点,打造具有"高文化附加值+高创意附加值"的有影响力的文化IP,实现品位与潮流、品质与趣味的有机融合。

文化产业滞后省份要注重公共文化服务对文化产业的拉动作用。科学规划,提升文化事业经费资金使用绩效,继续探索政府购买服务的模式,充分调动文化企业提供公共文化服务的积极性,为文化产业的发展营造良好的文化环境。

三、研究展望

学术界对文化产业与公共文化服务协调发展的研究相对不足。本书构建了文化产业与公共文化服务的评价指标体系,考察了2008~2017年省域文化产业与公共文化服务的重心迁移情况、耦合协调情况,根据协同情况与回归分析的结果,提出了促进文化产业与公共文化服务协调发展的对策与建议。目前,这一研究还有不少需要进一步完善和深入研究的方面:

第一,进一步探索和完善文化产业与公共文化服务协调发展的理论体系。随着文化产业与公共文化服务的协调发展，文化产业与公共文化服务的协调合作将越来越紧密。文化企业与公共文化机构的合作模式有哪些，文化产业与公共文化服务的创新平台该如何构建，这些都是需要继续研究并不断完善的课题。

第二，关于文化产业与公共文化服务协调度的测度体系方面。根据2018年国家统计局的分类标准，文化及相关产业共涵盖9个大类、43个中类、146个小类，门类分布广泛，客观上给评价指标体系的设计和面板数据的获取带来了困难。公共文化服务的相关数据获取也存在着同样的问题。此外，尽管笔者在设计指标体系的时候力求客观，但主观因素的影响始终难以排除，在后续研究中还需要进一步挖掘数据，进一步完善改进。

第三，从研究方法看，本书运用三标度层次分析法、重心迁移模型、耦合协调模型、回归分析法等技术手段测评了省域文化产业与公共文化服务协调发展的实际情况，受限于时间和精力，存在对一些新的技术方法运用不足的情况，这也为后续研究留有了较大的空间。

第四，从研究对象来讲，文化产业和公共文化服务的协调发展催生了很多新的商业模式。大数据、区块链、人工智能等新技术融入文化产业和公共文化服务将深刻影响大众的文化消费方式和消费习惯。如果能以此为视角进行延伸性研究，对文化企业和公共文化服务机构的发展将会大有裨益。

参考文献

[1] AMES, PETER. Breaking new ground: Measuring museums' merits [J]. Museum Management & Curatorship, 1990, 9 (2): 137 –147.

[2] BARNEY J B. Gaining and sustaining competitive advantage [M]. Massachusetts: Wesley Publishing Company, 1997: 134 –175.

[3] CHEN T. A measurement of the resource utilization efficiency of university libraries [J]. International Journal of Production Economics, 1997, 53 (1): 71 –80.

[4] DE CARVALHO F A, JORGE M J, JORGE M F, et al. Library performance management in Rio de Janeiro, Brazil: Applying DEA to a sample of university libraries in 2006 –2007 [A] //New Trends In Qualitative And Quantitative Methods In Libraries: Selected Papers Presented at the 2nd Qualitative and Quantitative Methods in Libraries [M]. Singapore: World Scientific, 2012: 399 –407.

[5] EASUN M S. Identifying inefficiencies in resource management: An application of data envelopment analysis to selected school libraries in California [J]. School Library Media Quart, 1994 (2): 103 –106.

[6] FLORIDA R, TINAGLI I. Europe in the creative age [M]. London: Demos, 2004: 79 –90.

[7] FLORIDA R. The rise of the creative class [J]. Washington Monthly, 2002, 35 (5): 593 –596.

[8] GLAESER E. Review of Richard Florida's the rise of the creative class [J]. Regional Science & Urban Economics, 2005, 35 (5): 593 –596.

[9] LANCASTER F W, JONCICH M J. The measurement and evaluation of library services [M]. Washington DC: Information Resources Press, 1977.

[10] LANDRY C. The creativity city index [J]. City Culture & Society, 2011, 2 (3): 173–176.

[11] MORSE M C. Library effectiveness: A systems approach [M]. 1969th ed. Cambridge: MIT Press, 1969: 93.

[12] PETRIKOVA K, VANOVA A, BORSEKOVA K. The role of creative economy in Slovak Republic [J]. AI & Society, 2015, 30 (2): 271–281.

[13] ROWLEY J. Measuring total customer experience in museums [J]. International Journal of Contemporary Hospitality Management, 1999 (6): 303–308.

[14] SHARMA K R, LEUNG P, ZANE L. Performance measurement of Hawaii State public libraries: An application of data envelopment analysis (DEA) [J]. Agricultural and Resource Economics Review, 1999, 28 (2): 190–198.

[15] ZORLONI A. Designing a strategic framework to assess museum activities [J]. International Journal of ARTS Management, 2012, 14 (2): 23–29.

[16] 毕小青, 王代丽. 基于"钻石模型"的文化产业竞争力评价方法探析 [J]. 华北电力大学学报（社会科学版）, 2009 (3): 54–58.

[17] 曹爱军. 基层公共文化服务均等化: 制度变迁与协同 [J]. 天府新论, 2009 (4): 103–108.

[18] 曹文明, 黄飞, 陈朝霞. 区域文化产业发展水平的组合评价研究——以湖南为例 [J]. 湖南社会科学, 2019 (2): 116–123.

[19] 曹远方. 公共图书馆文化产业化发展研究——以小剧场模式为例[J]. 农业图书情报学刊, 2014, 26 (12): 115–117.

[20] 陈立旭. 推动基本公共文化服务均等化 [J]. 浙江社会科学, 2011 (12): 4–7.

[21] 陈威. 公共文化服务体系研究 [M]. 深圳: 深圳报业集团出版社, 2006: 212.

[22] 陈旭佳. 效果均等标准下基本公共文化服务均等化研究 [J]. 当代经济管理, 2016 (38): 55–63.

［23］戴俊骋，孙东琪，张欣亮．中国区域文化产业发展空间格局［J］．经济地理，2018（9）：122-129．

［24］丁潇萌．互联网+环境下图书馆文化创意产业发展研究［J］．智库时代，2018，167（51）：97-98．

［25］窦亚南．两岸三地公共文化服务绩效评估综述［J］．科技信息：科学·教研，2007（11）：135-136．

［26］杜心灵．文化产业竞争力的分析与评价——以广东为例［J］．经济问题，2014（1）：78-82．

［27］段绪柱．科学构建公共文化服务评价指标体系［N］．中国社会科学报，2013-09-27（7）．

［28］范丽娟．文化创意产业呼唤图书馆服务创意［J］．图书馆工作与研究，2012（6）：20-22．

［29］傅利平，何勇军，李小静．城市公共文化服务的综合评价模型［J］．统计与决策，2013（16）：39-41．

［30］高福安，刘亮．国家公共文化服务体系建设现状与对策研究［J］．现代传播——中国传媒大学学报，2011（6）：7-11．

［31］高莉莉，顾江．江苏区域文化产业竞争力动态分析及思考［J］．南京社会科学，2013（4）：150-156．

［32］高伟华．我国基本公共文化服务的地区差异分析［J］．福建行政学院学报，2010（2）：55-60．

［33］顾乃华，夏杰长．我国主要城市文化产业竞争力比较研究［J］．商业经济与管理，2007（12）：52-57，68．

［34］郝雯雯．文化创意产业与公共文化服务体系互融发展探析［J］．新西部，2019（9）：60-61．

［35］何义珠，李露芳．公民参与视角下的城乡公共文化服务均等化研究［J］．图书馆杂志，2013，32（6）：17-20，43．

［36］胡洪斌．中国区域文化产业竞争力评价研究——基于2013年截面数据的实证分析［J］．文化产业研究，2016（1）：21-37．

［37］胡惠林．关于区域文化产业战略与空间布局［J］．山东社会科学，

2006 (2): 5-14.

[38] 胡剑, 徐茂华. 公共文化发展的评估指标体系及其构建 [J]. 重庆社会科学, 2013 (10): 17-23.

[39] 胡守勇. 公共文化服务效能评价指标体系初探 [J]. 中共福建省委党校学报, 2014 (2): 45-51.

[40] 胡守勇. 公共文化与文化产业融合发展: 内在逻辑、现实困境与推进路径 [J]. 图书馆, 2017 (10): 35-41.

[41] 胡税根, 宋先龙. 我国西部地区基本公共文化服务均等化问题研究 [J]. 天津行政学院学报, 2011 (1): 64-69.

[42] 黄文学, 连红军. 文化创意产业与公共文化服务体系互融发展 [J]. 人民论坛, 2016 (14): 181-183.

[43] 江振娜. 福建文化产业竞争力评价研究 [J]. 福建金融管理干部学院学报, 2010 (2): 29-33.

[44] 姜彤彤, 吴修国. 基于 AHP 的文化产业竞争力评价模型研究——借鉴钻石模型理论和可持续发展思想 [J]. 云南财经大学学报, 2011 (6): 126-134.

[45] 蒋建梅. 政府公共文化服务体系绩效评价研究 [J]. 上海行政学院学报, 2008 (4): 60-65.

[46] 金慧, 余启军. 湖北省公共文化服务标准化均等化问题研究 [J]. 湖北社会科学, 2017 (2): 65-71.

[47] 靳大娟. 重庆市基本公共文化服务均等化研究 [D]. 重庆: 重庆大学硕士学位论文, 2013.

[48] 靳晓婷. 基于 AHP 的资源型文化产业竞争力评价方法 [J]. 统计与决策, 2013 (10): 81-84.

[49] 孔进. 我国政府公共文化服务提供能力研究 [J]. 山东社会科学, 2010 (3): 122-128.

[50] 蓝庆新, 郑学党. 中国文化产业国际竞争力评价及策略研究——基于 2010 年横截面数据的分析 [J]. 财经问题研究, 2012 (3): 32-39.

[51] 冷溶. 中国公共文化服务发展报告.2007 [M]. 北京: 社科文献出版

社，2007.

[52] 李程骅，孙龙. 南京都市圈文化产业竞争力研究［J］. 学海，2008（2）：142-149.

[53] 李高业. 文化产业集群竞争力的提升［J］. 理论学习，2008（4）：35-36.

[54] 李娟. 公共文化服务水平综合评价与提升路径研究［D］. 天津：天津大学博士学位论文，2015.

[55] 李娜. 山东省十七地市基本公共文化服务发展水平评价［J］. 统计与管理，2017（9）：54-56.

[56] 李卫强. 北京市文化产业竞争力的实证研究［J］. 国际贸易问题，2012（3）：90-96.

[57] 李雪茹. 区域文化产业竞争力评价分析：基于VRIO模型的修正［J］. 人文地理，2009，24（5）：76-80.

[58] 李炎. 公共文化与文化产业互动的区隔与融合［J］. 学术论坛，2018（1）：141-146.

[59] 李宜春. 省域文化产业竞争力评价指标体系初探——以安徽省为例［J］. 经济社会体制比较，2006（2）：99-103.

[60] 李迎春. 论图书馆事业与文化产业的协同发展［J］. 新世纪图书馆，2012（7）：70-73.

[61] 梁君，黄慧芳. 中国省级区域文化产业竞争力分析［J］. 统计与决策，2012（11）：91-94.

[62] 刘大伟，于树贵. 新时代公共文化服务绩效评价的结构转向［J］. 江西师范大学学报（哲学社会科学版），2019，52（6）：11-18.

[63] 刘先进. 公共文化服务与文化产业的融合关键点［J］. 人民论坛，2018（23）：130-131.

[64] 鲁小伟，毕功兵. 基于主成分分析法的区域文化产业效率评价［J］. 统计与决策，2014（1）：63-65.

[65] 吕菊萍. 博物馆文化创意产品开发设计策略研究［D］. 沈阳：沈阳航空航天大学硕士学位论文，2016.

[66] 马海涛, 程岚. 完善财政政策 促进公共文化服务体系建设 [J]. 中国财政, 2009 (23): 43-45.

[67] 马萱, 郑世林. 中国区域文化产业效率研究综述与展望 [J]. 经济学动态, 2010 (3): 83-86.

[68] 马萱. 我国区域文化产业竞争力研究 [M]. 北京: 社会科学文献出版社, 2011.

[69] 毛少莹. 发达国家的公共文化管理与服务 [J]. 特区实践与理论, 2007 (2): 52-53, 70.

[70] 毛雁冰, 韩玉, MAO Yan-bing 等. 新常态下公共文化服务供给水平的实证分析 [J]. 图书馆论坛, 2015 (12): 32-38.

[71] 毛雁冰, 龙新亚. 农村地区公共文化服务供给的影响因素——利用固定效应模型的实证检验 [J]. 图书馆论坛, 2012 (4): 77-83.

[72] 潘爱玲, 邱金龙, 闫家强. "三跨" 并购与文化企业综合竞争力提升研究——来自A股上市公司的实证证据 [J]. 山东大学学报 (哲学社会科学版), 2016 (3): 1-12.

[73] 潘妙辉. 文化产业的发展与图书馆事业的发展机遇及定位 [J]. 图书馆学研究, 2003 (10): 17-20.

[74] 彭岚嘉. 中国西部文化产业发展现状及其对策 [J]. 中国文化产业评论, 2009 (2): 224-234.

[75] 祁述裕, 殷国俊. 中国文化产业国际竞争力评价和若干建议 [J]. 国家行政学院学报, 2005 (2): 50-53.

[76] 钱明霞, 金中坤, 刘松. 基于网络层次分析法的文化产业竞争力评价体系研究 [J]. 科技管理研究, 2011 (17): 71-74.

[77] 上海高校都市文化E-研究院. 2011年全国31个省市自治区公共文化服务指数蓝皮书 [M]. 北京: 商务印书馆, 2012: 118.

[78] 沈望舒. 十大指标体系考量公共文化服务 [N]. 北京日报, 2017-06-05 (008).

[79] 史征. 文化产业集群竞争力评价实证研究——以杭州数字娱乐产业集群为例 [J]. 生产力研究, 2009 (18): 141-143, 18.

[80] 谭秀阁,王峰虎. 基于 DEA 的我国公共文化投入效率研究 [J]. 发展研究,2011,31 (2):90-93.

[81] 唐月民,成卓. 公共文化服务与文化产业融合发展路径探析——以山东省为例 [J]. 文化产业研究,2019 (2):112-122.

[82] 涂斌,王宋涛. 地方政府公共文化支出效率及影响因素——基于广东21 个地级市的实证分析 [J]. 经济问题,2012 (3):20-23.

[83] 万真真. 公共图书馆文化创意产品开发与服务转型的关系探究 [J]. 河南图书馆学刊,2018 (7):17-18,38.

[84] 王际欧. 浅析博物馆文化产业的特征、结构与开发策略 [J]. 中国博物馆,2006 (3):86-92.

[85] 王家庭,张容. 基于三阶段 DEA 模型的中国 31 省市文化产业效率研究 [J]. 中国软科学,2009 (9):75-82.

[86] 王岚,赵国杰. 基于 ANP 的地区文化产业竞争力评价模型与指标体系 [J]. 科学学与科学技术管理,2008 (7):129-132,17.

[87] 王洛忠,李帆. 我国基本公共文化服务:指标体系构建与地区差距测量 [J]. 经济社会体制比较,2013 (1):184-195.

[88] 王晓洁. 中国基本公共文化服务地区间均等化水平实证分析——基于1999 年、2009 年数据比较的考察 [J]. 财政研究,2012 (3):26-29.

[89] 王学军. 基于三阶段 DEA 模型的甘肃省区域文化产业效率研究 [J]. 统计与信息论坛,2015 (7):45-50.

[90] 王毅,柯平. 公共图书馆文化创意产品开发类别调研与分析 [J]. 图书情报工作,2018,62 (3):21-32.

[91] 王银梅,朱耘婵. 基于面板数据的地方政府公共文化支出效率研究 [J]. 经济问题,2015 (6):40-45.

[92] 王悦荣. 公共文化服务能力省际比较 [J]. 广东行政学院学报,2012 (1):32-38.

[93] 吴建军,周锦,顾江. 公共文化服务体系效率评价及影响因素研究——以江苏省为例 [J]. 东岳论丛,2013 (1):131-136.

[94] 向勇,喻文益. 公共文化服务绩效评估的模型研究与政策建议[J].

现代经济探讨, 2008 (1): 21-24.

[95] 辛阳. 我国文化企业竞争力评价指标体系的构建与应用 [J]. 当代经济研究, 2013 (5): 34-38.

[96] 邢致远. 博物馆文化创意产业模式与产品研究 [J]. 艺术百家, 2014, 30 (S1): 30-34.

[97] 徐萍. 陕西文化产业竞争力评价与分析 [J]. 统计与信息论坛, 2006 (3): 77-80.

[98] 徐清泉. 公共文化服务评估研究: 现状、需求及要素 [J]. 毛泽东邓小平理论研究, 2012 (8): 63-68, 121.

[99] 许立勇, 王瑞雪. 公共文化服务与文化产业匹配分析——基于北京城市功能拓展区的研究 [J]. 国际文化管理, 2014 (12): 132-140.

[100] 杨林, 韩科技. 基于 DEA 模型的地方公共文化财政支出绩效评价——以青岛市为例 [J]. 经济与管理评论, 2015 (2): 71-76.

[101] 杨林, 许敬轩. 地方财政公共文化服务支出效率评价与影响因素 [J]. 中央财经大学学报, 2013 (4): 9-15.

[102] 杨林. 结构性改革背景下政府如何有效供给公共文化服务?——基于供需协调视角 [J]. 中央财经大学学报, 2017 (8): 121-128.

[103] 杨头平, 潘桑桑. 中部地区文化产业竞争力评价与差异分析 [J]. 经济地理, 2018 (12): 119-125.

[104] 杨永, 朱春雷. 公共文化服务均等化三维视角分析 [J]. 理论月刊, 2008 (9): 150-152.

[105] 叶丽君, 李琳. 我国区域文化产业竞争力评价与差异分析 [J]. 科技管理研究, 2009 (3): 94-97.

[106] 尹丹. 公共文化建设评估体系构建研究 [D]. 兰州: 兰州大学硕士学位论文, 2008.

[107] 游祥斌, 杨薇, 郭昱青. 需求视角下的农村公共文化服务体系建设研究——基于 H 省 B 市的调查 [J]. 中国行政管理, 2013 (7): 70-75.

[108] 于思瑶. 公共文化服务体系研究综述 [J]. 对外经贸, 2012 (6): 99-100.

[109] 于志勇. 农村公共文化服务供给研究: 基于公共服务均等化的视角 [J]. 云南行政学院学报, 2012 (4): 112-114.

[110] 袁海, 吴振荣. 中国省域文化产业效率测算及影响因素实证分析 [J]. 软科学, 2012 (3): 72-77.

[111] 曾志杰, 梁新潮. 福建省九地市公共文化服务支出绩效评价——基于AHP的实证研究 [J]. 集美大学学报 (哲学社会科学版), 2017 (1): 53-62.

[112] 占绍文, 陈小彤. 公共文化服务供给对文化产业发展影响的实证分析——基于陕西省十大地级市数据的分析 [J]. 四川戏剧, 2018 (3): 151-156.

[113] 占绍文, 居玲燕. 基于功能导向的公共文化服务评价体系构建探析 [J]. 广西社会科学, 2017 (2): 193-197.

[114] 张桂琳. 社会公正与我国公共文化服务的均等化 [C] //21世纪的公共管理: 机遇与挑战: 第三届国际学术研讨会文集. 中国澳门, 2008: 10-21.

[115] 张利民, 张金路. 图书馆在文化产业中的定位 [J]. 图书馆建设, 2001 (S1): 16-17.

[116] 张楠. 纵横结构的公共文化服务体系模型建构 [J]. 浙江社会科学, 2012 (3): 99-106, 159.

[117] 张启春, 范晓琳. 我国基本公共文化服务绩效的评价与实证 [J]. 统计与决策, 2017 (17): 74-77.

[118] 张序, 方茜. 民族地区基本公共服务均等化分析 [J]. 经济体制改革, 2009 (4): 140-143.

[119] 张玉. 我国地方政府公共文化投入效率研究 [J]. 青岛科技大学 (社会科学版), 2014 (1): 76-80.

[120] 张玉兰, 张路瑶, 姜振娜. 河北省公共文化服务体系综合评价及提升对策 [J]. 企业经济, 2014 (5): 162-165.

[121] 赵冬菊. 博物馆改革与文化产业发展研究 [J]. 重庆三峡学院学报, 2009 (6): 113-116.

[122] 赵佳佳. 我国文化事业财政支出效率及影响因素 [J]. 地方财政研究, 2014 (8): 54-60.

[123] 赵彦云,余毅,马文涛.中国文化产业竞争力评价和分析[J].中国人民大学学报,2006(4):72-82.

[124] 赵阳,魏建.我国区域文化产业技术效率研究——基于随机前沿分析模型的视角[J].财经问题研究,2015(1):30-36.

[125] 郑满生,王慧,臧运平.基于综合指数法的区域公共文化服务体系发展水平测评研究[J].中国农学通报,2015,31(2):283-290.

[126] 周恩毅,党睿涛,陈小彤.公共文化服务供给对文化产业发展的影响研究——基于各省份2012~2016年数据的分析[J].长白学刊,2018(5):156-162.

[127] 朱启友.试论我国公共文化服务体系建设的六大主要目标[J].晋中学院学报,2010,27(2):44-46.

[128] 庄锴,王虹.区域文化产业竞争力评价实证研究[J].统计与决策,2012(15):87-89.

[129] 卓越.省级公共文化服务水平指标体系构建与实证研究[D].杭州:浙江大学硕士学位论文,2016.